Curso

La diferencia entre aprobar
y sacar plaza

SE05

Operaria/o Especialista

AYUNTAMIENTO DE ZARAGOZA

Accede a tu **Curso MAD360** y disfruta de los siguientes recursos:

- Técnicas de Memoria 360.
- MADTEST: Test nivel PRO.
- Temario en formato digital.
- Vídeos.
- Esquemas.
- Planificación de estudio.
- Foro entre opositores.
- Recursos y novedades exclusivas.

AF212347

Para acceder al Curso MAD360* será necesaria la compra de todos los libros para esta especialidad de la edición 2024.

Valida los códigos que encuentras en la última página de tus libros y disfruta de la experiencia MAD360.

Infórmate en: mad.es/registro-campus

NOTA IMPORTANTE:

* Examen de esta categoría profesional correspondiente a la convocatoria publicada en el BOP de Zaragoza núm. 161, de 15 de julio de 2024, o hasta el 31 de agosto de 2025, lo que se cumpla antes.

** El acceso al CURSO MAD360 estará disponible desde agosto de 2024 (algunos recursos podrían estar disponibles en fecha posterior). Tendrá una duración de 365 días, desde la validación de códigos, o hasta el 28 de febrero de 2026, lo que se cumpla antes.

MAD se reserva el derecho a ampliar dichas fechas.

Operaria/o Especialista del Ayuntamiento de Zaragoza

Julio, 2024

Operaria/o Especialista del Ayuntamiento de Zaragoza

Test del temario

Autores

TERESA MARÍA TORRES FONSECA
Licenciada en Derecho

ENCARNA ROJO FRANCO
Autora de libros de texto: Oposiciones y Certificados de Profesionalidad
Profesora de Derecho Público

LIDIA MARINA PONCE MARTÍNEZ
Licenciada en Psicología
Máster en Terapia Familiar y de Sistemas

© 7 Editores Recursos para la Cualificación Profesional y el Empleo, S.L. (7 Editores)
© Los autores
Primera edición, julio 2024 (116 páginas)
Derechos de edición reservados a favor de 7 Editores
IMPRESO EN ESPAÑA
Diseño Portada: 7 Editores
Edita: 7 Editores
Avda. San Francisco Javier, 9 · Edificio Sevilla 2 · Planta 11 · Módulos 25-27 · 41018 Sevilla
Teléfono: 954 784 411 · WEB: www.mad.es · e-mail: administracion@7editores.com
ISBN: 978-84-142-8528-2
© "Editorial Mad" y "Eduforma" son nombres comerciales registrados de
7 Editores Recursos para la Cualificación Profesional y el Empleo, S.L.

Índice

PARTE PRIMERA

TEST N.º 1

La Administración Pública en la Constitución Española. El Régimen Jurídico de las Administraciones Públicas y del Procedimiento Administrativo Común: estructura, principios generales y ámbito de aplicación

1. ¿Qué artículo de la Constitución recoge los principios a los que debe ajustarse la Administración en su actuación?

a) El artículo 103.
b) El artículo 102.
c) El artículo 104.
d) El artículo 106.

2. No se incluye como principio fundamental de la actuación de la Administración el de:

a) Coordinación.
b) Cooperación.
c) Legalidad.
d) Las respuestas b) y c) son correctas.

3. Las Fuerzas y Cuerpos de Seguridad dependen del:

a) Ejército.
b) Gobierno de la Nación.
c) Ministerio de Defensa.
d) Rey.

4. Puede negarse el acceso a los ciudadanos a un archivo administrativo por motivo de:

a) Intimidad de las personas.
b) Defensa del Estado.

c) Política general.
d) Las respuestas a) y b) son correctas.

5. No está obligada la Administración a indemnizar a un particular los daños y perjuicios causados por el funcionamiento de sus servicios:

a) En caso de fuerza mayor.
b) Cuando se trate de un caso fortuito.
c) Si este es solicitado por el propio particular.
d) En todos los tres supuestos anteriores debe indemnizar.

6. El supremo órgano consultivo del Gobierno de la Nación es el:

a) Ministerio Fiscal.
b) Consejo de Estado.
c) Consejo General del Poder Judicial.
d) Consejo Económico y Social.

7. ¿Cuál es el principio en virtud del cual la actuación de las Administraciones públicas no puede ser alterada arbitrariamente?

a) El principio de buena fe.
b) El principio de proporcionalidad.
c) El principio de seguridad jurídica.
d) El principio de confianza legítima.

8. Según el artículo 3 de la Ley 40/2015, de 1 de octubre, de Régimen Jurídico del Sector Público (LRJSP), uno de los principios de acuerdo con los que actúa la Administración Pública es el de buena fe, confianza legítima y:

a) Lealtad institucional.
b) Proximidad a los ciudadanos.
c) Servicio efectivo a los ciudadanos.
d) Responsabilidad.

9. Las Corporaciones de Derecho Público, en el ejercicio de las funciones públicas que les hayan sido atribuidas por Ley o delegadas por una Administración Pública, se regirán:

a) Por su normativa específica y supletoriamente por la Ley 39/2015 de 1 de octubre.
b) Solo por su normativa específica.
c) Por la Ley 39/2015, de 1 de octubre, en todo caso.
d) Ninguna respuesta es correcta.

10. Es objeto de la Ley 40/2015, de 1 de octubre, de Régimen Jurídico del Sector Público:

a) Establecer las especialidades del procedimiento referidas a los órganos competentes, plazos propios del concreto procedimiento por razón de la materia, formas de iniciación y terminación, publicación e informes a recabar.

b) Asegurar, en beneficio de los interesados y del interés general, el exacto sometimiento de la Administración al derecho en todas las actuaciones que realiza en su condición de poder público y en uso de las prerrogativas que como tal le corresponde.

c) Regular los requisitos de validez y eficacia de los actos administrativos, el procedimiento administrativo común a todas las Administraciones Públicas, incluyendo el sancionador y el de reclamación de responsabilidad de las Administraciones Públicas, así como los principios a los que se ha de ajustar el ejercicio de la iniciativa legislativa y la potestad reglamentaria.

d) Establecer y regular las bases del régimen jurídico de las Administraciones Públicas, los principios del sistema de responsabilidad de las Administraciones Públicas y de la potestad sancionadora, así como la organización y funcionamiento de la Administración General del Estado y de su sector público institucional para el desarrollo de sus actividades.

11. ¿Se aplica la Ley 39/2015 a las Universidades públicas?

a) No, se regirán solo por su normativa específica.
b) No, ya que no tienen la consideración de Administraciones Públicas.
c) Sí, de forma supletoria respecto a su normativa específica.
d) Sí, en todo caso.

12. Indica cuál de los siguientes principios no informa la actuación de las Administraciones Públicas conforme al art. 3 de la LRJSP:

a) Coordinación.
b) Eficacia.
c) Concentración.
d) Jerarquía.

13. Los dos principios generales del derecho que informan la actuación administrativa, y que se encuentran íntimamente vinculados con el de seguridad jurídica, son:

a) Los de economía y eficiencia.
b) Los de buena fe y confianza legítima.
c) Los de responsabilidad y racionalización.
d) Los de objetividad y transparencia.

14. Las medidas que establezcan las Administraciones Públicas limitando el ejercicio de derechos individuales o colectivos o exigiendo el cumplimiento de requisitos para el desarrollo de una actividad deberán ajustarse al principio de:

a) Tipicidad.
b) Legalidad.
c) Irretroactividad.
d) Proporcionalidad.

15. Según la LRJSP, las Administraciones Públicas sirven con objetividad:

a) Los intereses generales.
b) Las políticas del Gobierno.
c) Los valores superiores.
d) Los derechos y deberes fundamentales.

16. Las Administraciones Públicas actúan con sometimiento pleno a la Constitución, a la Ley y a/al:

a) Los Tratados Internacionales.
b) Los Derechos Humanos.
c) Rey.
d) Derecho.

17. Conforme al artículo 1.2 de la Ley 39/2015, de 1 de octubre, ¿podrán incluirse trámites adicionales o distintos a los contemplados en la misma?

a) Solo mediante ley y de manera motivada.
b) Cuando resulte eficaz, proporcionado y necesario para la consecución de los fines propios del procedimiento.
c) No, en ningún caso.
d) Las respuestas a) y b) son correctas.

Solución al test n.º 1

1. a) El artículo 103.

2. b) Cooperación.

3. b) Gobierno de la Nación.

4. d) Las respuestas a) y b) son correctas.

5. a) En caso de fuerza mayor.

6. b) Consejo de Estado.

7. d) El principio de confianza legítima.

8. a) Lealtad institucional.

9. a) Por su normativa específica y supletoriamente por la Ley 39/2015 de 1 de octubre.

10. d) Establecer y regular las bases del régimen jurídico de las Administraciones Públicas, los principios del sistema de responsabilidad de las Administraciones Públicas y de la potestad sancionadora, así como la organización y funcionamiento de la Administración General del Estado y de su sector público institucional para el desarrollo de sus actividades.

11. c) Sí, de forma supletoria respecto a su normativa específica.

12. c) Concentración.

13. b) Los de buena fe y confianza legítima.

14. d) Proporcionalidad.

15. a) Los intereses generales.

16. d) Derecho.

17. d) Las respuestas a) y b) son correctas.

TEST N.º 2

**Organización territorial del Estado: principios generales.
La Administración Local: el municipio. El Estatuto de Autonomía
de Aragón: estructura, título preliminar, competencias**

1. Según la Constitución, las Entidades que forman parte de la organización territorial del Estado tienen la nota común de:

a) Autogobierno.
b) Independencia.
c) Autonomía.
d) Financiación propia.

2. Los poderes de la Comunidad Autónoma de Aragón emanan:

a) Del pueblo Aragonés y del Español.
b) Del Pueblo Aragonés y del Estatuto de Autonomía.
c) Del pueblo Aragonés y de la Constitución.
d) De la Nación Aragonesa.

3. La Constitución define los Estatutos de Autonomía como:

a) La norma fundamental de la Comunidad Autónoma.
b) La norma Institucional básica de cada Comunidad Autónoma que el Estado reconoce y ampara como parte integrante de su Ordenamiento Jurídico.
c) La norma Institucional básica de cada Comunidad Autónoma de su Ordenamiento Jurídico Especifico.
d) La norma fundamental de cada Comunidad Autónoma amparada por el Estado.

4. ¿Qué rango normativo tiene el Estatuto de Autonomía de Aragón?

a) Ley Orgánica.
b) Ley de Bases.
c) Ley.
d) Decreto-Ley.

5. ¿Cómo se define a Aragón en el Estatuto de Autonomía?

a) Nacionalidad.
b) Nación.
c) Nacionalidad Histórica.
d) Realidad nacional.

6. ¿Quiénes gozan de la condición política de aragoneses?

a) Los ciudadanos españoles.
b) Los ciudadanos españoles que tengan la vecindad administrativa en cualquier de los municipios de Aragón o cumplan los requisitos que la legislación pueda establecer.
c) Todos aquellos que tengan vecindad en cualquiera de los municipios de Aragón.
d) Los ciudadanos españoles que tengan vecindad administrativa en cualquier de los municipios de Aragón.

7. ¿A quién es aplicable del Derecho Foral Aragonés?

a) A los residentes en Aragón.
b) A los que ostenten la vecindad civil aragonesa residentes en Aragón.
c) A los españoles residentes en Aragón.
d) A los que ostenten la vecindad aragonesa independientemente del lugar de su residencia.

8. Aragón se estructura territorialmente en:

a) Municipios, Comarcas y Provincias.
b) Provincias.
c) Provincias y Municipios.
d) Provincias y Comarcas.

9. El territorio de la Comunidad Autónoma se corresponde:

a) Con el de las provincias de Zaragoza, Huesca y Teruel.
b) Con el de las comarcas de Aragón.
c) Con el histórico de Aragón comprendiendo el de los municipios, comarcas y provincias de Huesca, Teruel y Zaragoza.
d) Con el de los municipios de Aragón.

10. En el ámbito de las competencias exclusivas, la Comunidad Autónoma de Aragón ejercerá:

a) La potestad legislativa.
b) La potestad reglamentaria.
c) La función ejecutiva.
d) Las tres anteriores son correctas.

11. En materia de lenguas y modalidades lingüísticas propias de Aragón, la Comunidad Autónoma de Aragón dispone de una competencia:

a) Compartida.
b) Ejecutiva.
c) Exclusiva.
d) No tiene competencia.

12. La personalidad jurídica de los Municipios, según la Constitución Española, es:

a) Propia.
b) Plena.
c) Reconocida por el Ente que los crea.
d) Dependiente de su autonomía.

13. Según nuestra Constitución, los Concejales no son elegidos por sufragio:

a) Universal.
b) Igual.
c) Paritario.
d) Libre.

14. La pertenencia de un Municipio a dos Provincias:

a) Se admite excepcionalmente.
b) Ha de estar prevista en norma con rango de ley.
c) Está prohibida en nuestro ordenamiento jurídico.
d) Las respuestas a) y b) son ciertas.

15. La división del término municipal en distritos, barrios, etc., es competencia del/de la:

a) Instituto Geográfico Nacional.
b) Diputación Provincial.
c) Ayuntamiento respectivo.
d) Comunidad Autónoma.

16. Para ser vecino de un Municipio:

a) Hay que estar empadronado como tal en él.
b) Basta con la residencia habitual en el mismo.
c) No es necesario ser mayor de edad.
d) Debe saberse leer y escribir.

17. No es posible la consulta popular en la siguiente materia:

a) Sobre competencias municipales.
b) Hacienda Local.
c) Servicios municipales.
d) Es factible en todas ellas.

18. En el ámbito local el único órgano que puede someter a consulta popular un asunto es el:

a) Presidente de la Diputación Provincial.
b) Alcalde.
c) Gobierno de la Nación.
d) Pleno de cada Entidad Local.

19. En el Padrón no debe constar respecto de un vecino su:

a) Sexo.
b) Domicilio habitual.
c) Lugar de nacimiento.
d) Debe figurar todo lo anterior.

20. El Consejo de Empadronamiento está adscrito al/a la:

a) Presidencia del Gobierno de la Nación.
b) Ministerio del Interior.
c) Ministerio de Asuntos Económicos y Transformación Digital.
d) Ministerio de la Presidencia, Relaciones con las Cortes y Memoria Democrática.

21. La confección del Padrón de españoles residentes en el extranjero es competencia del/de la:

a) Ayuntamiento de su último domicilio en España.
b) Comunidad Autónoma donde hubieren nacido.
c) Administración General del Estado.
d) Embajada o Consulado español en el país en que residan.

22. Las directrices e instrucciones técnicas para la formación, mantenimiento y rectificación del Padrón corresponde emanarlas al/a la:

a) Propio Ayuntamiento Pleno.
b) Administración General del Estado.
c) Comunidad Autónoma.
d) Alcalde.

23. La convocatoria de consultas populares debe autorizarla el/la:

a) Gobierno de la Nación.
b) Presidente de la Corporación.
c) Comunidad Autónoma.
d) Ninguno de ellos.

24. Las cuestiones que se susciten entre Municipios sobre deslinde de sus términos municipales serán resueltas por:

a) La correspondiente Comunidad Autónoma.
b) El Gobierno de España.
c) Las Diputaciones Provinciales.
d) El Consejo de Estado.

25. La aprobación del proyecto de presupuesto en un Municipio de gran población es competencia del/de la:

a) Presidente.
b) Junta de Gobierno Local.
c) Pleno.
d) Comunidad Autónoma.

26. La Relación de Puestos de un Ayuntamiento de un Municipio de gran población la aprueba el/la:

a) Junta de Personal.
b) Pleno.
c) Alcalde.
d) Junta de Gobierno Local.

27. El ejercicio normal de acciones judiciales compete en un Municipio de gran población al/a la/a los:

a) Presidente.
b) Pleno.
c) Junta de Gobierno Local.
d) Anteriores, en las materias de sus respectivas competencias.

28. El régimen retributivo de los órganos directivos municipales en un Municipio de gran población se establece por el/la:

a) Concejal-Delegado de Personal.
b) Alcalde.
c) Pleno.
d) Junta de Gobierno Local.

29. ¿Qué define ENTRENA CUESTA como el Ente Público menor territorial primario?

a) La Comarca.
b) La Mancomunidad de Municipios.
c) El Municipio.
d) La Provincia.

30. La creación de nuevos municipios solo podrá realizarse sobre la base de núcleos de población territorialmente diferenciados, de al menos:

a) 3.000 habitantes.
b) 4.000 habitantes.
c) 10.000 habitantes.
d) 15.000 habitantes.

31. ¿Cuál de los siguientes no es uno de los tres elementos que, conforme al artículo 11.2.º LRL, constituyen el Municipio?

a) La Organización.
b) La Población.
c) Las Competencias (propias o delegadas).
d) El Territorio.

32. La inscripción en el Padrón Municipal solo surtirá efecto por el tiempo que subsista el hecho que la motivó y, en todo caso, cuando se trate de la inscripción de extranjeros no comunitarios sin autorización de residencia permanente, deberá ser objeto de renovación periódica:

a) Cada año.
b) Cada dos años.
c) Cada tres años.
d) Cada cinco años.

33. ¿Cuál de los siguientes datos no es obligatorio a la hora de la inscripción en el Padrón municipal?

a) Lugar y fecha de nacimiento.
b) Sexo.
c) Nacionalidad.
d) Número de teléfono.

34. ¿A qué órgano del Ayuntamiento le corresponde la creación de los distritos?

a) Al Alcalde.
b) A la Junta de Gobierno Local.

c) Al Teniente de Alcalde.
d) Al Pleno de la Corporación.

35. El órgano administrativo responsable de la asistencia jurídica al Alcalde, a la Junta de Gobierno Local y a los órganos directivos, se denomina:

a) Gabinete Jurídico.
b) Asesoría Jurídica.
c) Asesoría Social.
d) Defensa Jurídica del Ayuntamiento.

36. En los Municipios en los que exista un Consejo Social de la Ciudad, este estará integrado por representantes de las organizaciones:

a) Económicas.
b) Sociales y profesionales.
c) Organizaciones de vecinos más representativas.
d) Todas las respuestas anteriores son correctas.

37. Según el Estatuto de Autonomía, los derechos y libertades de los Aragoneses y Aragonesas son:

a) Los reconocidos en la Constitución, los incluidos en la declaración universal de los Derecho Humanos y en los demás instrumentos internacionales de protección de los mismos suscritos y ratificados por España, así como los establecidos en el ámbito de la Comunidad Autónoma por el Estatuto.
b) Los reconocidos en la Constitución, los incluidos en la Carta de Derechos de la Unión Europea y en los demás instrumentos internacionales de protección de los mismos suscritos y ratificados por España, así como los establecidos en el ámbito de la Comunidad Autónoma por el presente estatuto.
c) Los reconocidos en la Constitución, los incluidos en la declaración universal de los Derecho Humanos y en los demás instrumentos internacionales de protección de los mismos suscritos y ratificados por Aragón.
d) Ninguna es correcta.

38. No es un principio político y administrativo derivado de la Constitución en relación con el Estatuto de Autonomía de Aragón:

a) Principio de unidad coordinación y cooperación institucional.
b) Principio de equilibrio territorial.
c) Principio democrático.
d) Principio de exclusividad del derecho estatal.

Solución al test n.º 2

1. c) Autonomía.

2. c) Del pueblo Aragonés y de la Constitución.

3. b) La norma Institucional básica de cada Comunidad Autónoma que el Estado reconoce y ampara como parte integrante de su Ordenamiento Jurídico.

4. a) Ley Orgánica.

5. c) Nacionalidad Histórica.

6. b) Los ciudadanos españoles que tengan la vecindad administrativa en cualquiera de los municipios de Aragón o cumplan los requisitos que la legislación pueda establecer.

7. d) A los que ostenten la vecindad aragonesa independientemente del lugar de su residencia.

8. a) Municipios, Comarcas y Provincias.

9. c) Con el histórico de Aragón comprendiendo el de los municipios, comarcas y provincias de Huesca, Teruel y Zaragoza.

10. d) Las tres anteriores son correctas.

11. c) Exclusiva.

12. b) Plena.

13. c) Paritario.

14. c) Está prohibida en nuestro ordenamiento jurídico.

15. c) Ayuntamiento respectivo.

16. a) Hay que estar empadronado como tal en él.

17. b) Hacienda Local.

18. b) Alcalde.

19. d) Debe figurar todo lo anterior.

20. c) Ministerio de Asuntos Económicos y Transformación Digital.

21. c) Administración General del Estado.

22. b) Administración General del Estado.

23. a) Gobierno de la Nación.

24. a) La correspondiente Comunidad Autónoma

25. b) Junta de Gobierno Local

26. d) Junta de Gobierno Local

27. d) Anteriores, en las materias de sus respectivas competencias

28. c) Pleno

29. c) El Municipio.

30. b) 4.000 habitantes.

31. c) Las Competencias (propias o delegadas).

32. b) Cada dos años.

33. d) Número de teléfono.

34. d) Al Pleno de la Corporación.

35. b) Asesoría Jurídica.

36. d) Todas las respuestas anteriores son correctas.

37. a) Los reconocidos en la Constitución, los incluidos en la declaración universal de los Derecho Humanos y en los demás instrumentos internacionales de protección de los mismos suscritos y ratificados por España, así como los establecidos en el ámbito de la Comunidad Autónoma por el Estatuto.

38. d) Principio de exclusividad del derecho estatal.

TEST N.º 3

La función pública local. El personal al servicio de las Corporaciones Locales: estructura y clases. Derechos y deberes de la funcionaria/o público

1. ¿A qué dos principios ha de atender la designación del personal directivo profesional de las Administraciones Públicas?

a) Publicidad y concurrencia.
b) Legalidad e igualdad.
c) Capacidad y mérito.
d) Idoneidad y transparencia.

2. Para el acceso a los cuerpos o escalas del Grupo B se exigirá estar en posesión del:

a) Título de Técnico Superior.
b) Título de Bachiller.
c) Título de Técnico.
d) Título universitario de Grado.

3. La selección de todo el personal, sea funcionario o laboral, debe realizarse de acuerdo con la Oferta de Empleo Público, mediante convocatoria pública y a través del sistema de Concurso, Oposición o Concurso-Oposición libres en los que garanticen, en todo caso, los principios constitucionales de:

a) Capacidad, mérito, objetividad y legalidad.
b) Publicidad, eficacia, eficiencia, mérito y capacidad.
c) Igualdad, mérito y capacidad, así como el de publicidad.
d) Legalidad, publicidad, transparencia, mérito y capacidad.

4. Los titulares de la Secretaría-Intervención ejercerán sus funciones en las Secretarías de clase tercera, es decir, de Ayuntamientos de Municipios:

a) Con población inferior a 5.001 habitantes y cuyo Presupuesto no exceda de 3.010.060 euros.

b) Con población inferior a 3.001 habitantes y cuyo Presupuesto no exceda de 2.999.000 euros.

c) Con población inferior a 2.501 habitantes y cuyo Presupuesto no exceda de 1.500.060 euros.

d) Con población inferior a 1.00 habitantes y cuyo Presupuesto no exceda de 1.010.060 euros.

5. ¿A qué Subescala pertenecen los funcionarios que realicen tareas administrativas, normalmente de trámite y colaboración?

a) A la Subescala Técnica de Administración General.
b) A la Subescala de Gestión de Administración General.
c) A la Subescala Administrativa de Administración General.
d) A la Subescala Auxiliar de Administración General.

6. ¿A qué Subescala pertenecen los funcionarios que realicen tareas de mecanografía y taquigrafía?

a) A la Subescala Técnica de Administración General.
b) A la Subescala de Gestión de Administración General.
c) A la Subescala Administrativa de Administración General.
d) A la Subescala Auxiliar de Administración General.

7. Los Ayuntamientos de Municipios con población superior a 50.000 y no superior a 75.000 habitantes podrán incluir en sus plantillas puestos de trabajo de personal eventual por un número que no podrá exceder de:

a) Uno.
b) Dos.
c) Siete.
d) La mitad de concejales de la Corporación local.

8. ¿Con qué frecuencia publicarán las Corporaciones locales en su sede electrónica y en el Boletín Oficial de la Provincia o, en su caso, de la Comunidad Autónoma uniprovincial el número de los puestos de trabajo reservados a personal eventual?

a) Cada cinco años.
b) Cada dos años.
c) Anualmente.
d) Semestralmente.

9. La Oferta de Empleo de un Municipio de gran población debe aprobarla el/la:

a) Pleno.
b) Junta de Personal.

c) Presidente.
d) Junta de Gobierno Local.

10. ¿En qué clase se encuadrarían las Secretarías de Ayuntamientos de munici-pios cuyas poblaciones están comprendidas entre 5.001 y 20.000 habitantes?

a) Clase primera.
b) Clase segunda.
c) Clase tercera.
d) Clase cuarta.

11. Como regla general, en las Entidades Locales cuya Secretaría esté clasificada en clase tercera, las funciones propias de la Intervención:

a) No se llevarán a cabo dichas funciones, que las desempeñará el Interventor de la Diputación Provincial respectivo.
b) Existirán dos puestos de trabajo denominados Intervención Municipal.
c) Existirá un puesto de trabajo denominado Intervención.
d) Formarán parte del contenido del puesto de trabajo de Secretaría.

12. No puede ser Técnico de Administración General un Licenciado en:

a) Sociología.
b) Ciencias Políticas.
c) Derecho.
d) Ciencias Empresariales.

13. Pertenece a la Subescala de Servicios Especiales un:

a) Ingeniero Industrial al servicio de una Corporación Local.
b) Técnico de Administración General.
c) Suboficial del Servicio de Extinción de Incendios.
d) Contratado laboralmente.

14. Dentro del Personal de Oficios el escalón inferior lo ocupan los:

a) Ayudantes.
b) Peones.
c) Operarios.
d) Oficiales.

15. El número de Personal Eventual que haya de existir en un Municipio de régi-men común se fija por el/la:

a) Pleno.
b) Alcalde o Presidente.

c) Comunidad Autónoma respectiva.
d) Junta de Gobierno Local.

16. No tendrán dedicación exclusiva los miembros de Corporaciones locales de población inferior a:

a) 15.000 habitantes.
b) 10.000 habitantes.
c) 2.500 habitantes.
d) 1.000 habitantes.

17. Indica cuál de los siguientes es uno de los derechos de carácter individual de los empleados públicos:

a) A percibir las retribuciones y las indemnizaciones por razón del servicio.
b) Al desempeño efectivo de las funciones o tareas propias de su condición profesional y de acuerdo con la progresión alcanzada en su carrera profesional.
c) A la formación continua y a la actualización permanente de sus conocimientos y capacidades profesionales, preferentemente en horario laboral.
d) Todas las respuestas son correctas.

18. Los empleos de Inspector y Subinspector de Policía Local solo podrán crearse en los Municipios de más de:

a) 25.000 habitantes.
b) 50.000 habitantes.
c) 75.000 habitantes.
d) 100.000 habitantes.

19. Los funcionarios que ejerciten el derecho de huelga, por el tiempo en que hayan permanecido en la misma, devengarán y percibirán:

a) Solo las retribuciones básicas prorrateadas.
b) Las retribuciones básicas y los trienios.
c) Todas las retribuciones que le corresponderían si no hubieran ejercido ese derecho.
d) No devengarán ni percibirán retribución alguna.

20. Los miembros de los Cuerpos de Policía Local, en el ejercicio de sus funciones, tendrán a todos los efectos legales el carácter de:

a) Agentes de la Autoridad.
b) Autoridad.
c) Delegados de la Autoridad.
d) Auxiliares de la Autoridad.

21. Señala la respuesta incorrecta respecto al régimen jurídico del personal laboral:

a) La Jurisdicción competente en esta materia es la Contencioso-Administrativa.

b) Dentro de este personal, por razón de la fijeza de su vinculación a la Entidad de que se trate, se distingue entre los contratados indefinidamente y los contratados temporalmente.

c) La selección de este personal se hará por concurso, concurso-oposición u oposición libre.

d) La contratación de este personal corresponde al Alcalde o al Presidente de la Diputación Provincial, a quien compete, también, la asignación del mismo a los distintos puestos de trabajo de carácter laboral previstos en las Relaciones de Puestos de Trabajo aprobadas por la Corporación, de acuerdo con la legislación laboral.

22. ¿Cuántos días hábiles de permiso se concederán en el caso de accidente o enfermedad graves, hospitalización o intervención quirúrgica sin hospitalización que precise de reposo domiciliario del cónyuge, pareja de hecho o parientes hasta el primer grado por consanguinidad o afinidad, así como de cualquier otra persona distinta de las anteriores que conviva con el funcionario o funcionaria en el mismo domicilio y que requiera el cuidado efectivo de aquella?

a) Tres días.

b) Cuatro días.

c) Cinco días.

d) Seis días.

23. ¿De cuántos días al año, con carácter general, podrá disponer el funcionario de permiso para asuntos personales sin justificación?

a) De hasta 6 días al año.

b) De hasta 7 días al año.

c) De hasta 8 días al año.

d) De hasta 9 días al año.

24. Como máximo y con carácter general, la necesidad de cuidado directo, continuo y permanente, el permiso por cuidado de hijo menor afectado por cáncer u otra enfermedad grave, se extenderá hasta que cumpla:

a) 12 años.

b) 18 años.

c) 16 años.

d) 23 años.

25. Por razón de matrimonio los funcionarios tendrán derecho a una licencia de:

a) Diez días.

b) Un mes.

c) Quince días.
d) Veinte días.

26. Por nacimiento de hijos prematuros o que por cualquier otra causa deban permanecer hospitalizados a continuación del parto, la funcionaria o el funcionario tendrá derecho a ausentarse del trabajo durante:

a) Un máximo de una hora diaria percibiendo las retribuciones íntegras.
b) Un máximo de 2 horas diarias percibiendo las retribuciones íntegras.
c) Un máximo de 2,5 horas diarias percibiendo las retribuciones íntegras.
d) Un máximo de 3 horas diarias percibiendo las retribuciones íntegras.

27. Las cantidades destinadas a financiar aportaciones a planes de pensiones o contratos de seguros tendrán a todos los efectos la consideración de:

a) Retribución básica.
b) Retribución complementaria.
c) Indemnizaciones.
d) Retribución diferida.

28. La antigüedad para entrar en el cupo de promoción interna es, como regla general, de:

a) Cinco años.
b) Tres años.
c) Dos años.
d) Depende de la plaza.

29. La observancia de las normas sobre seguridad y salud laboral:

a) Es un principio ético de los empleados públicos.
b) Se ajustará a lo que indiquen los representantes de los trabajadores.
c) Se establece solo para los puestos de trabajo cuyo desempeño suponga riesgos inequívocos.
d) Es obligatoria para todos los empleados públicos.

30. Para el cumplimiento de un deber inexcusable de carácter público o personal, se tiene derecho a un permiso:

a) De tres días.
b) Por tiempo indispensable.
c) De cinco días.
d) De dos días.

Solución al test n.º 3

1. c) Capacidad y mérito.

2. a) Título de Técnico Superior.

3. d) Legalidad, publicidad, transparencia, mérito y capacidad.

4. a) Con población inferior a 5.001 habitantes, cuyo Presupuesto no exceda de 3.010.060 euros.

5. c) A la Subescala Administrativa de Administración General.

6. d) A la Subescala Auxiliar de Administración General.

7. d) La mitad de concejales de la Corporación local.

8. d) Semestralmente.

9. d) Junta de Gobierno Local.

10. b) Clase segunda.

11. d) Formarán parte del contenido del puesto de trabajo de Secretaría.

12. a) Sociología.

13. c) Suboficial del Servicio de Extinción de Incendios.

14. c) Operarios.

15. a) Pleno.

16. d) 1.000 habitantes.

17. d) Todas las respuestas son correctas.

18. d) 100.000 habitantes.

19. d) No devengarán ni percibirán retribución alguna.

20. a) Agentes de la Autoridad.

21. a) La Jurisdicción competente en esta materia es la Contencioso-Administrativa.

22. c) Cinco días.

23. a) De hasta 6 días al año.

24. d) 23 años.

25. c) Quince días.

26. b) Un máximo de 2 horas diarias percibiendo las retribuciones íntegras.

27. d) Retribución diferida.

28. c) Dos años.

29. d) Es obligatoria para todos los empleados públicos.

30. b) Por tiempo indispensable.

TEST Nº 4

La Ley de Prevención de Riesgos laborales: objeto y conceptos básicos. Derechos y obligaciones. Principios de la acción preventiva. Servicios de prevención. Prevención de riesgos laborales en el Ayuntamiento de Zaragoza. Ficha de seguridad en el puesto de trabajo de operaria/o especialista: operaciones y tareas que se realizan; fuentes de riesgos, sustancias y materias primas, equipos de protección individual y medidas preventivas

1. Los representantes de los trabajadores con competencia en materia de prevención de riesgos laborales es/son:

a) Los miembros de la Junta de personal, Junta Facultativa y Junta de Enfermería.
b) Los técnicos de prevención de riesgos laborales.
c) El Servicio de Medicina Preventiva.
d) Los delegados de prevención.

2. ¿Qué se entiende por "riesgo laboral"?

a) La posibilidad de que un trabajador sufra un determinado daño derivado del trabajo.
b) La posibilidad de que un trabajador sufra una enfermedad en el trabajo.
c) La posibilidad de que un trabajador sufra acoso.
d) El riesgo que supone el ir a trabajar.

3. ¿Quién debe garantizar a los trabajadores la vigilancia periódica de su estado de salud en función de los riesgos inherentes al trabajo?

a) La Inspección de Trabajo.
b) El propio trabajador.
c) El empresario.
d) Las secciones sindicales.

4. El derecho básico reconocido a los trabajadores por la Ley 31/1995, de 8 de noviembre, es:

a) La vigilancia de su estado de salud.
b) Una protección eficaz en materia de seguridad y salud en el trabajo.

c) La formación en materia preventiva.
d) La información, consulta y participación.

5. Indica cuál es la definición de prevención:

a) La probabilidad racional de que un riesgo se materialice de forma inminente.
b) El estudio de los procesos potencialmente peligrosos para el trabajo.
c) Conjunto de actividades o medidas adoptadas o previstas en todas las fases de actividad de la empresa con el fin de evitar o disminuir los riesgos derivados del trabajo.
d) Posibilidad de que un trabajador sufra un determinado daño derivado del trabajo.

6. Quedan bajo el ámbito de la Ley de Prevención de Riesgos Laborales:

a) La totalidad de las relaciones laborales reguladas en el Estatuto de los Trabajadores.
b) La totalidad de las relaciones laborales establecidas en el ámbito de las funciones públicas de policía y seguridad.
c) Las relaciones laborales de carácter especial del servicio del hogar familiar.
d) La totalidad de las relaciones laborales establecidas en los servicios operativos de protección civil y peritaje forense.

7. Entre los principios de la acción preventiva recogidos por el artículo 15 de la Ley de Prevención de Riesgos Laborales, no figura:

a) Evitar los riesgos.
b) Evaluar los riesgos que se puedan evitar.
c) Tener en cuenta la evolución de la técnica.
d) Dar las debidas instrucciones a los trabajadores.

8. ¿Cuántos delegados de prevención se deberán elegir en empresas entre 3001 y 4000 trabajadores?

a) 5.
b) 6.
c) 7.
d) 8.

9. En las empresas de hasta 30 trabajadores, el Delegado de Prevención será:

a) El propio empresario.
b) El trabajador más antiguo.
c) El trabajador de mayor cualificación.
d) El delegado de personal.

10. Según la Ley de Prevención de Riesgos Laborales, se constituirá un Comité de Seguridad y Salud en todas las empresas o centros de trabajo que cuenten con:

a) 30 o más trabajadores.
b) 50 o más trabajadores.

c) 75 o más trabajadores.
d) 100 o más trabajadores.

11. Entre las obligaciones de los trabajadores recogidas por la Ley de Prevención de Riesgos Laborales, no figura:

a) Informar directamente al empresario de cualquier situación que entrañe riesgo para la seguridad o salud de los trabajadores.
b) Contribuir al cumplimiento de las obligaciones establecidas por la autoridad competente con el fin de proteger la seguridad y la salud de los trabajadores en el trabajo.
c) Cooperar con el empresario para que este pueda garantizar unas condiciones de trabajo que sean seguras y no entrañen riesgos para la seguridad y la salud de los trabajadores.
d) Utilizar correctamente los medios y equipos de protección facilitados por el empresario, de acuerdo con las instrucciones recibidas de este.

12. La Ley 31/1995, de 8 de noviembre, de Prevención de Riesgos Laborales, ¿se aplica a los empleados de la Administración Pública?

a) Sí, sin distinciones.
b) A los funcionarios sí, al personal laboral no.
c) Al personal laboral sí, a los funcionarios no.
d) No se aplica ni a funcionarios ni a personal laboral.

13. El órgano paritario y colegiado de participación destinado a la consulta regular y periódica de las actuaciones de la empresa en materia de prevención de riesgos, es:

a) El Comité de Empresa.
b) El Consejo de Vigilancia de la Prevención.
c) La Comisión de Evaluación de Riesgos Laborales.
d) El Comité de Seguridad y Salud.

14. La acción preventiva en la empresa:

a) Se planificará por el Comité de Seguridad y Salud a partir de una evaluación inicial de riesgos.
b) Se planificará por los Delegados de Prevención a partir de una evaluación inicial de riesgos.
c) Se planificará por el empresario a partir de una evaluación inicial de riesgos.
d) Se planificará por los Delegados de Personal a partir de una evaluación inicial de riesgos.

15. ¿Cuándo se deben utilizar los equipos de protección individual?

a) Siempre.
b) Cuando los riesgos no hayan sido evaluados.

c) Cuando los riesgos no se puedan evitar o no puedan limitarse.

d) Cuando el trabajador lo estime oportuno.

16. Cuando los trabajadores estén expuestos a un riesgo grave e inminente con ocasión de su trabajo, y el empresario no adopte o no permita la adopción de las medidas necesarias para garantizar la seguridad y la salud de los trabajadores, la Ley 31/1995, de 8 de noviembre, de Prevención de Riesgos Laborales prevé:

a) Los trabajadores afectados podrán paralizar la actividad.

b) El órgano de representación del personal instará formalmente al empresario a la adopción de las medidas necesarias.

c) Los Delegados de Prevención lo comunicarán a la autoridad laboral, que adoptará las medidas necesarias.

d) El órgano de representación de personal podrá acordar la paralización de la actividad.

17. ¿Pueden los trabajadores efectuar propuestas al empresario y a los órganos de participación para mejorar los niveles de protección de la seguridad y salud en la empresa?

a) No.

b) Sí.

c) Según el tamaño de la empresa.

d) Según el número de trabajadores.

18. Según establece el art. 4 de la Ley 31/1995, de 8 de noviembre, de Prevención de Riesgos Laborales, se define como daños derivados del trabajo:

a) La posibilidad de que un trabajador sufra un determinado daño derivado del trabajo.

b) El que resulte probable racionalmente que se materialice en un futuro inmediato y pueda suponer un daño grave para la salud de los trabajadores.

c) Las enfermedades, patologías o lesiones sufridas con motivo u ocasión del trabajo.

d) Cualquier máquina, aparato, instrumento o instalación utilizada en el trabajo.

19. ¿Debe el trabajador prestar su consentimiento para que le realicen vigilancia de la salud?

a) No.

b) Sí.

c) Depende del número de trabajadores de la empresa.

d) Esta prestación es solo para personal fijo en la empresa.

20. El art. 21 de la LPRL establece los requisitos y el procedimiento para que los representantes legales de los trabajadores acuerden la paralización de la actividad de los trabajadores que están o puedan estar expuestos a un riesgo grave e inminente si el empresario no adopta las medidas necesarias para garantizar la seguridad y salud de los trabajadores. La medida será adoptada por:

a) Acuerdo por mayoría absoluta de sus miembros. Tal acuerdo será comunicado de inmediato a la empresa y a la autoridad laboral, la cual, en el plazo de 48 horas, anulará o ratificará la paralización acordada.

b) Acuerdo por mayoría de 2/3 de sus miembros. Tal acuerdo será comunicado de inmediato a la empresa y a la autoridad laboral, la cual, en el plazo de 24 horas, anulará o ratificará la paralización acordada.

c) Acuerdo por mayoría de sus miembros. Tal acuerdo será comunicado de inmediato a la empresa y a la autoridad laboral, la cual, en el plazo de 48 horas, anulará o ratificará la paralización acordada.

d) Acuerdo por mayoría de sus miembros. Tal acuerdo será comunicado de inmediato a la empresa y a la autoridad laboral, la cual, en el plazo de 24 horas, anulará o ratificará la paralización acordada.

21. El art. 29 de la LPRL establece las obligaciones de los trabajadores en materia de prevención de riesgos. De las siguientes no se considera una obligación del trabajador:

a) Utilizar correctamente los medios y equipos de protección facilitados por el empresario, de acuerdo con las instrucciones recibidas de este.

b) Usar adecuadamente, de acuerdo con su naturaleza y los riesgos previsibles, las máquinas, aparatos, herramientas, sustancias peligrosas, equipos de transporte y, en general, cualesquiera otros medios con los que desarrollen su actividad.

c) Informar de inmediato a su superior jerárquico directo, y a los trabajadores designados para realizar las actualizaciones que consideren oportunas en el equipo de protección individual.

d) No poner fuera de funcionamiento y utilizar correctamente los dispositivos de seguridad existentes o que se instalen en los medios relacionados con su actividad o en los lugares de trabajo en los que esta tenga lugar.

22. Señala la afirmación incorrecta en relación con el art. 35 de la LPRL:

a) Los Delegados de Prevención son los representantes de los trabajadores con funciones específicas en materia de prevención de riesgos en el trabajo.

b) Los Delegados de Prevención serán designados por y entre los representantes del personal.

c) En una empresa de dos mil quinientos trabajadores existirán 6 Delegados de Prevención.

d) En las empresas de treinta y un trabajadores el Delegado de Prevención será el Delegado de Personal.

23. Los instrumentos esenciales para la gestión y aplicación del Plan de Prevención de Riesgos Laborales son:

a) La evaluación de riesgos y la planificación de la actividad preventiva.
b) La evaluación inicial de riesgos y la formación.
c) La planificación y la gestión de la actividad preventiva.
d) La identificación y la evaluación de los riesgos.

24. El posible cambio de puesto de trabajo con riesgo para una trabajadora embarazada:

a) Deberá realizarse en caso de imposibilidad de adaptación del propio puesto.
b) Se hará previo informe en tal sentido del Servicio de Prevención.
c) Se determinará por el empresario, y dará información a los representantes de los trabajadores.
d) Se extenderá al período de lactancia.

25. La prevención de riesgos laborales deberá integrarse en el sistema general de gestión de la empresa a través de:

a) La política preventiva.
b) El plan de prevención.
c) El consenso de las partes.
d) El poder de decisión del empresario.

26. El documento que informa sobre los riesgos más importantes y establece las principales medidas preventivas, así como las instrucciones específicas y generales de seguridad que deben aplicarse en un puesto de trabajo, respecto al proceso, tarea o actividad a desarrollar, es:

a) La ficha de seguridad.
b) El plan de prevención.
c) El plan de emergencia.
d) Plan de autoprotección.

27. ¿A quién corresponde elaborar y actualizar las Fichas de Seguridad de los puestos de trabajo, procesos o tareas que se desarrollan en su área de responsabilidad?

a) A los Jefes de Servicio.
b) A los directores de Centro.
c) Al Servicio de Prevención.
d) A la Junta de Seguridad.

28. ¿Cuál de los siguientes apartados no forma parte de la Ficha de Seguridad de los puestos de trabajo?

a) Fuentes de riesgos, sustancias y materias primas.
b) Equipos de protección individual.
c) Plan de evacuación.
d) Medidas preventivas.

29. ¿En cuál de los siguientes apartados de la Ficha de Seguridad se anotaría, si procede, el concepto "Herramientas manuales de corte"?

a) Operaciones y tareas que se realizan.
b) Fuentes de riesgos, sustancias y materias primas.
c) Riesgos.
d) Equipos de protección individual.

30. ¿En cuál de los siguientes apartados de la Ficha de Seguridad se anotaría, si procede, el concepto "Organización del trabajo"?

a) Operaciones y tareas que se realizan.
b) Fuentes de riesgos, sustancias y materias primas.
c) Riesgos.
d) Medidas preventivas.

31. ¿En cuál de los siguientes apartados de la Ficha de Seguridad se anotaría, si procede, el concepto "Fontanería"?

a) Operaciones y tareas que se realizan.
b) Fuentes de riesgos, sustancias y materias primas.
c) Riesgos.
d) Equipos de protección individual.

32. "Sobreesfuerzos" en un término que podría incluir la Ficha de Seguridad dentro del siguiente apartado:

a) Operaciones y tareas que se realizan.
b) Fuentes de riesgos, sustancias y materias primas.
c) Riesgos.
d) Medidas de prevención.

33. El riesgo de lesión por caída a un plano inferior de sustentación se identifica en la Ficha de Seguridad como:

a) Caída de personas a distinto nivel.
b) Caída de personas al mismo nivel.

c) Caída de objetos por desplome o derrumbamiento.
d) Caída de personas a nivel inferior.

34. De los siguientes, se consideran legalmente equipos de protección individual:

a) Los cinturones de seguridad de automóviles.
b) El material de autodefensa.
c) Los equipos anticaídas.
d) Herramientas manuales de carga.

35. No tienen, legalmente, la consideración de EPI:

a) Los cascos.
b) Los tapones para los oídos.
c) Los equipos de socorro y salvamento.
d) El calzado adecuado.

36. Los equipos de protección individual (EPI):

a) Actúan sobre el origen del riesgo.
b) Eliminan los riesgos.
c) Pretenden minimizar las consecuencias del riesgo.
d) Ante todo han de resultar cómodos para las personas que trabajan.

37. ¿Cuál de las siguientes medidas se debería adoptar primeramente?

a) Tratar al trabajador cuando se accidente.
b) Evitar el riesgo.
c) Controlar el riesgo en origen.
d) Señalar adecuadamente las posibles causas de riesgo.

38. La utilización de un equipo de protección individual no se justifica cuando:

a) Es imposible eliminar el riesgo.
b) Es imposible instalar una protección colectiva eficaz.
c) Se ha eliminado el riesgo.
d) Impide que el trabajar desarrolle su trabajo con mayor rapidez.

39. Es una medida preventiva para evitar caídas a distinto nivel:

a) Utilizar cuando sea necesario sillas, mesas, cajas, etc…, como escaleras improvisadas.
b) Revisar periódicamente el correcto estado de las escaleras.
c) Utilizar escaleras de madera pintada.
d) Ninguna respuesta es correcta.

40. ¿Cuántos miembros constituyen el Comité de Seguridad y Salud del Ayuntamiento de Zaragoza?

a) 15.
b) 20.
c) 24.
d) 30.

Solución al test n.º 4

1. d) Los delegados de prevención.

2. a) La posibilidad de que un trabajador sufra un determinado daño derivado del trabajo.

3. c) El empresario.

4. b) Una protección eficaz en materia de seguridad y salud en el trabajo.

5. c) Conjunto de actividades o medidas adoptadas o previstas en todas las fases de actividad de la empresa con el fin de evitar o disminuir los riesgos derivados del trabajo.

6. a) La totalidad de las relaciones laborales reguladas en el Estatuto de los Trabajadores.

7. b) Evaluar los riesgos que se puedan evitar.

8. c) 7.

9. d) El delegado de personal.

10. b) 50 o más trabajadores.

11. a) Informar directamente al empresario de cualquier situación que entrañe riesgo para la seguridad o salud de los trabajadores.

12. a) Sí, sin distinciones.

13. d) El Comité de Seguridad y Salud.

14. c) Se planificará por el empresario a partir de una evaluación inicial de riesgos.

15. c) Cuando los riesgos no se puedan evitar o no puedan limitarse.

16. d) El órgano de representación de personal podrá acordar la paralización de la actividad.

17. b) Sí.

18. c) Las enfermedades, patologías o lesiones sufridas con motivo u ocasión del trabajo.

19. b) Sí.

20. d) Acuerdo por mayoría de sus miembros. Tal acuerdo será comunicado de inmediato a la empresa y a la autoridad laboral, la cual, en el plazo de 24 horas, anulará o ratificará la paralización acordada.

21. c) Informar de inmediato a su superior jerárquico directo, y a los trabajadores designados para realizar las actualizaciones que consideren oportunas en el equipo de protección individual.

22. d) En las empresas de treinta y un trabajadores el Delegado de Prevención será el Delegado de Personal.

23. a) La evaluación de riesgos y la planificación de la actividad preventiva.

24. a) Deberá realizarse en caso de imposibilidad de adaptación del propio puesto.

25. b) El plan de prevención.

26. a) La ficha de seguridad.

27. c) Al Servicio de Prevención.

28. c) Plan de evacuación.

29. b) Fuentes de riesgos, sustancias y materias primas.

30. b) Fuentes de riesgos, sustancias y materias primas.

31. a) Operaciones y tareas que se realizan.

32. c) Riesgos.

33. a) Caída de personas a distinto nivel.

34. c) Los equipos anticaídas.

35. c) Los equipos de socorro y salvamento.

36. c) Pretenden minimizar las consecuencias del riesgo.

37. b) Evitar el riesgo.

38. c) Se ha eliminado el riesgo.

39. b) Revisar periódicamente el correcto estado de las escaleras.

40. c) 24.

TEST N.º 5

Derecho a la igualdad y a la no discriminación por razón de sexo. Legislación sobre prevención y protección integral a las mujeres víctimas de violencia en Aragón: conceptos y tipos de violencia hacia las mujeres; prevención, protección, recursos y programas específicos en la Comunidad Autónoma. Plan de igualdad para las empleadas y empleados del Ayuntamiento de Zaragoza

1. Según el artículo 9.2: de la Constitución, "corresponde a los poderes públicos .... las condiciones para que la libertad y la igualdad del individuo y de los grupos en que se integra sean reales y efectivas; .... los obstáculos que impidan o dificulten su plenitud y .... la participación de todos los ciudadanos en la vida política, económica, cultural y social.". Qué 3 verbos faltan en la anterior frase:

a) Promover, remover y facilitar.
b) Impulsar, superar y posibilitar.
c) Crear, eliminar y alentar.
d) Facilitar, disminuir y promover.

2. La ley que regula a nivel estatal la igualdad efectiva de mujeres y hombres, es:

a) La Ley 3/2007, de 12 de marzo.
b) La Ley orgánica 22/2007, de 3 de abril.
c) La Ley orgánica 3/2007, de 22 de marzo.
d) El Decreto Legislativo 7/2003, de 23 de mayo.

3. Señala la opción incorrecta. Según el artículo 3 de la LO 3/2007, el principio de igualdad de trato entre mujeres y hombres supone la ausencia de toda discriminación, directa o indirecta, por razón de sexo, y especialmente, las derivadas de:

a) La maternidad.
b) La tendencia sexual.

c) La asunción de obligaciones familiares.

d) El estado civil.

4. Según el artículo 4 de la LO 3/2007, la igualdad de trato y de oportunidades entre mujeres y hombres:

a) Es un deber de las Administraciones Públicas.

b) Es una fuente formal del Derecho.

c) Es un principio informador del ordenamiento jurídico.

d) Es un objetivo fundamental del procedimiento administrativo.

5. La situación en que se encuentra una persona que sea, haya sido o pudiera ser tratada, en atención a su sexo, de manera menos favorable que otra en situación comparable, se considera:

a) Discriminación directa.

b) Acoso sexual.

c) Discriminación indirecta.

d) Violencia de género.

6. Una diferencia de trato basada en una característica relacionada con el sexo ¿constituye discriminación en el acceso al empleo?

a) Sí, en todo caso.

b) No, siempre que la formación necesaria se base en dicha característica.

c) No, siempre que dicha característica constituya un requisito profesional esencial y determinante.

d) No, si debido a la naturaleza de las actividades profesionales concretas o al contexto en el que se lleven a cabo, dicha característica constituya un requisito profesional esencial y determinante, siempre y cuando el objetivo sea legítimo y el requisito proporcionado.

7. A los efectos de la LO 3/2007, definimos como acoso sexual:

a) Cualquier comportamiento realizado en función del sexo de una persona, con el propósito o el efecto de atentar contra su dignidad y de crear un entorno intimidatorio, degradante u ofensivo.

b) La situación en que una disposición, criterio o práctica aparentemente neutros pone a personas de un sexo en desventaja particular con respecto a personas del otro, salvo que dicha disposición, criterio o práctica puedan justificarse objetivamente en atención a una finalidad legítima y que los medios para alcanzar dicha finalidad sean necesarios y adecuados.

c) Todo trato desfavorable a las mujeres relacionado con el embarazo o la maternidad.

d) Cualquier comportamiento, verbal o físico, de naturaleza sexual que tenga el propósito o produzca el efecto de atentar contra la dignidad de una persona, en particular cuando se crea un entorno intimidatorio, degradante u ofensivo.

8. Según el artículo 10 de la LO 3/2007, los actos y las cláusulas de los negocios jurídicos que constituyan o causen discriminación por razón de sexo se considerarán:

a) Válidos, pero anulables.
b) Nulos y sin efecto.
c) Ilegales.
d) Nulos, pero con efectos.

9. Conforme al artículo 12 de la LO 3/2007, cualquier persona podrá recabar de los tribunales la tutela del derecho a la igualdad entre mujeres y hombres, de acuerdo con lo establecido en el artículo 53.2 de la Constitución:

a) Siempre que la relación en la que supuestamente se produce la discriminación se encuentre vigente.
b) Incluso tras la terminación de la relación en la que supuestamente se ha producido la discriminación.
c) Siempre que se haya dado por terminada la relación en la que supuestamente se produce la discriminación.
d) A menos que se haya procedido a la suspensión de la relación en la que supuestamente se produce la discriminación.

10. La capacidad y la legitimación para intervenir en los procesos civiles, sociales y contencioso-administrativos que versen sobre la defensa del derecho de igualdad entre mujeres y hombres, corresponden a:

a) La persona acosada, únicamente.
b) Cualquier ciudadano.
c) Las personas físicas y jurídicas con interés legítimo.
d) Cualquier persona jurídica.

11. La Disposición Adicional Primera de la LO 3/2007, determina que se entenderá por composición equilibrada la presencia de mujeres y hombres de forma que, en el conjunto al que se refiera, las personas de cada sexo:

a) No superen el 55 % ni sean menos del 45 %.
b) No superen el 70 % ni sean menos del 30 %.
c) No superen el 60 % ni sean menos del 40 %.
d) No superen el 65 % ni sean menos del 35 %.

12. Según el artículo 1 de la Ley 7/2018, de 28 de junio, de igualdad de oportunidades entre mujeres y hombres en Aragón, esta ley tiene por objeto hacer efectivo el derecho de igualdad de trato y de oportunidades entre mujeres y hombres en la Comunidad Autónoma de Aragón, en desarrollo de los artículos 9.2, 14 y 23 de la Constitución, y 6.2, 11.3, 24.c) y 73.37.ª del Estatuto de Autonomía de Aragón, y mediante las medidas necesarias, remover los obstáculos que impidan o dificulten su .... para avanzar hacia una sociedad aragonesa más libre, justa, democrática y solidaria. Señalar la palabra que falta en la frase.

a) Plenitud.
b) Ejecución.
c) Aplicación.
d) Extensión.

13. ¿Es de aplicación la Ley 7/2018, de 28 de junio, de igualdad de oportunidades entre mujeres y hombres en Aragón a las entidades privadas de Aragón?

a) No, sólo es aplicable a personas físicas.
b) No, sólo es aplicable a la Administración de la Comunidad Autónoma de Aragón y sus organismos autónomos, y a las entidades que conforman el sector público del Gobierno de Aragón.
c) Sí, es aplicable por igual a todas las personas físicas y jurídicas establecidas en la Comunidad Autónoma de Aragón.
d) Es de aplicación a las entidades privadas que suscriban contratos o convenios de colaboración con las Administraciones públicas de Aragón o sean beneficiarias de ayudas o subvenciones concedidas por ellas.

14. Según el artículo 3 de la Ley 7/2018, un principio general de actuación de los poderes públicos de Aragón es el establecimiento de medidas para la conciliación de vida laboral, familiar y personal de mujeres y hombres, potenciando:

a) La corresponsabilidad.
b) La estabilidad en el empleo.
c) La igualdad de salarios.
d) La representación equilibrada.

15. Es una categoría que estructura la variable hombre y mujer y que viene referida a las diferencias biológicas, anatómicas y fisiológicas entre mujeres y hombres:

a) Género.
b) Sexualidad.
c) Sexo.
d) Sexismo.

16. Tal como lo define el artículo 4 de la Ley 7/2018, es la manifestación e institu-cionalización del dominio masculino sobre una supuesta inferioridad biológica de las mujeres, que históricamente se ha encargado de exhibir una distribución des-igual del poder en favor de los hombres y que tiende a acentuar esta diferencia para conservar y conseguir más privilegios:

a) Patriarcado.
b) Machismo.
c) Sexismo.
d) Acoso sexual.

17. Educar en relación, según el artículo 4 de la Ley 7/2018, es la necesidad de que exista .... entre personas distintas en el ámbito educativo para poder generar comportamientos y relaciones igualitarias. Señalar la palabra que falta en la frase.

a) Integración.
b) Convivencia.
c) Comprensión.
d) Intercambio.

18. La protección jurídica frente a la violencia de género se articuló a nivel esta-tal a través de:

a) Ley Orgánica 1/2004, de 28 de diciembre.
b) Ley Orgánica 4/2001, de 8 de octubre.
c) Ley Orgánica 2/2008, de 14 de diciembre.
d) Ley Orgánica 10/2002, de 4 de octubre.

19. Según el artículo 1 de la Ley 4/2007, de 22 de marzo, de Prevención y Protec-ción Integral a las Mujeres Víctimas de Violencia en Aragón, el objeto de esta Ley es la adopción de medidas integrales dirigidas a la ...., prevención y erradica-ción de la violencia ejercida sobre las mujeres, así como la protección, asistencia y seguimiento a las víctimas de violencia ejercida contra la mujer. Señalar la palabra que falta en la frase.

a) Evaluación.
b) Sensibilización.
c) Visibilización.
d) Marginación.

20. Siguiendo el artículo 2 de la Ley 4/2007, cuál de las siguientes formas de vio-lencia incluye cualquier acto intencional de fuerza contra el cuerpo de la mujer, con resultado o riesgo de producir lesión física o daño en la víctima:

a) Abuso sexual.
b) Malos tratos sexuales.

c) Acoso sexual.
d) Malos tratos físicos.

21. Los supuestos de violencia ejercida sobre la mujer por parte de quienes hayan estado ligados a ella por relaciones similares de afectividad sin convivencia, son considerados por la Ley 4/2007:

a) Situaciones de violencia social.
b) Situaciones de violencia general.
c) Situaciones de violencia doméstica.
d) No entran dentro del ámbito de aplicación de la Ley 4/2007.

22. A efectos de la Ley 4/2007, se entiende por violencia ejercida contra las mujeres todo acto o agresión contra las mismas, motivado por la pertenencia a dicho sexo de las víctimas, que tenga o pueda tener como consecuencia un daño físico o psicológico, así como las agresiones a su libertad e indemnidad sexuales, incluida la .... de tales actos, la coacción o la privación arbitraria de libertad, que se realicen al amparo de una situación de debilidad, dependencia o proximidad física, psicológica, familiar, laboral o económica de la víctima frente al agresor. Señalar la palabra que falta en la frase.

a) Amenaza.
b) Pretensión.
c) Planificación.
d) Posibilidad.

23. ¿En qué año se redactaron los principios de Yogyakarta, sobre la aplicación del derecho internacional de los derechos humanos a las cuestiones de orientación sexual e identidad de género?

a) 2001.
b) 2003.
c) 2006.
d) 2011.

24. Según el artículo 1 de la Ley 4/2018, de 19 de abril, de Identidad y Expresión de Género e Igualdad Social y no Discriminación de la Comunidad Autónoma de Aragón, cualquier tipo de discriminación por identidad o expresión de género se entenderá como:

a) Acoso discriminatorio.
b) Represalia discriminatoria.
c) Discriminación múltiple.
d) Transfobia.

25. Conforme al artículo 4 de la Ley 4/2018, las terapias de aversión o de conversión de las manifestaciones de identidad de género libremente reveladas por las personas, en los servicios sanitarios:

a) Se declararán nulas.
b) Quedan prohibidas.
c) Estarán permitidas bajo supervisión de un Comité Ético.
d) Serán sustituidas por tratamientos hormonales o pruebas psiquiátricas o psicológicas.

26. Señala la respuesta incorrecta. Uno de los objetivos generales del Plan de igualdad para las empleadas y empleados del Ayuntamiento de Zaragoza es:

a) Integrar la perspectiva de género en todas las esferas de actuación del Ayuntamiento.
b) Conseguir representación equilibrada de mujeres y hombres en el ámbito del Ayuntamiento de Zaragoza, en todos los grupos profesionales.
c) Integrar, en los programas de salud laboral, las distintas necesidades de mujeres y hombres y las medidas necesarias para abordarlas adecuadamente.
d) Promover medidas que corrijan las causas que ocasionan la discriminación directa y evidente en las retribuciones de las empleadas y empleados municipales.

27. El Plan de igualdad para las empleadas y empleados del Ayuntamiento de Zaragoza fue elaborado por la Mesa para la Igualdad que está compuesta por:

a) Las empleadas y empleados del Ayuntamiento de Zaragoza.
b) Los cargos profesionales encargados en materia de igualdad.
c) El Ayuntamiento de Zaragoza y la representación sindical.
d) Las asociaciones vecinales y el Ayuntamiento de Zaragoza.

28. El Plan de igualdad para las empleadas y empleados del Ayuntamiento de Zaragoza planea:

a) Dos áreas de trabajo.
b) Tres áreas de trabajo.
c) Cuatro áreas de trabajo.
d) Áreas de trabajo flexibles y temporales.

29. La primera área de trabajo del Plan de igualdad para las empleadas y empleados del Ayuntamiento de Zaragoza se articula en torno a:

a) Acceso, formación, promoción profesional y retribuciones.
b) Conciliación de la vida personal, laboral y familiar.
c) Acoso sexual y Acoso por razón de sexo.
d) Comunicación, sensibilización y participación.

30. La evaluación del Plan de igualdad para las empleadas y empleados del Ayuntamiento de Zaragoza se estructura en tres ejes. Señala el que no corresponda:

a) Evaluación de impacto.
b) Evaluación del proceso.
c) Evaluación de resultados.
d) Evaluación de objetivos.

31. En cuanto al seguimiento y control en la aplicación de Protocolo con la finalidad de detectar su efectivo funcionamiento y real eficacia en la detección y eliminación de las situaciones de acoso sexual, por razón de sexo y por orientación sexual, en el Ayuntamiento de Zaragoza, si hubiera una norma legal o convencional de ámbito superior que afectara al contenido de dicho Protocolo, quienes firman el mismo se comprometen a:

a) Su inmediata adecuación.
b) Su adecuación en un periodo de 6 meses.
c) Su correcta adecuación en un plazo de un año.
d) Una adecuación no superior a 3 meses.

32. Según el Plan de igualdad para las empleadas y empleados del Ayuntamiento de Zaragoza, la segregación ocupacional vertical ocurre cuando:

a) La división en el desempeño de mujeres y hombres ocasiona la masculinización y feminización de distintas áreas de la vida.
b) Existe un histórico reparto de roles sociales entre sexos.
c) La distribución de funciones es azarosa.
d) Obedece a un desequilibrado e injusto reparto del poder.

33. ¿Qué medida hace posible analizar desde otra óptica la realidad que nos rodea y percibir la existencia de los obstáculos que encuentra el desarrollo del principio de igualdad en la sociedad y nos permite diseñar medidas o acciones que tiendan a eliminar estos obstáculos?

a) La multidisciplinariedad.
b) La perspectiva de género.
c) La transversalidad.
d) El mainstreaming.

34. En el Protocolo de prevención y actuación frente al acoso sexual se describen dos tipos diferenciados, que son:

a) Acoso por razón de sexo y acoso por orientación sexual.
b) Acoso de intercambio y acoso ambiental.
c) Acoso de chantaje sexual y acoso por razón de sexo.
d) Acoso de intercambio y acoso por orientación sexual.

35. Según el Protocolo de prevención y actuación frente al acoso sexual, aquella conducta que crea un entorno laboral intimidatorio, hostil o humillante para la persona que es objeto de la misma se denomina:

a) Acoso por orientación sexual.
b) Acoso de intercambio.
c) Acoso ambiental.
d) Acoso por razón de sexo.

36. ¿Qué tipo de discriminación tiene lugar cuando se establecen condiciones formalmente neutras respecto al sexo, pero resultan desfavorables para las mujeres y carecen, además, de una causa objetiva y justificada?

a) Indirecta.
b) Directa.
c) Ocupacional.
d) Selectiva.

37. Las prácticas discriminatorias son directas cuando:

a) Se establecen condiciones formalmente neutras respecto al sexo, pero resultan desfavorables para las mujeres y carecen, además, de una causa objetiva y justificada.
b) Se trata de forma desigual a una persona en base a uno de los motivos prohibidos en el ordenamiento jurídico, como puede ser el sexo.
c) Se reparten de manera desigual los roles sociales.
d) El reparto de poder es desequilibrado e injusto.

38. Aplicar el enfoque transversal de género supone:

a) Analizar desde otra óptica la realidad que nos rodea y percibir la existencia de los obstáculos que encuentra el desarrollo del principio de igualdad en la sociedad.
b) Diseñar medidas o acciones que tiendan a eliminar estos obstáculos.
c) Una técnica de valoración prospectiva, es decir un estudio y análisis ex ante del proyecto normativo que se promueve con el objetivo de verificar si en el momento de planificar las medidas que contiene, se ha tenido en cuenta el impacto que producirá en los hombres y en las mujeres, advirtiendo de cuáles pueden ser las consecuencias deseadas y las no deseadas y proponiendo en su caso su modificación.
d) La voluntad de participar en la elaboración de una alternativa de organización social acorde con las necesidades y aspiraciones de las mujeres y los hombres.

39. Las acciones positivas, a las que hace mención la Ley Orgánica 3/2007, de 22 de marzo en su artículo 3 y siguientes, son:

a) Aquellas actuaciones de impulso que intentan evitar el sexismo léxico.
b) Aquellas actuaciones de impulso y promoción que tratan de eliminar las desigualdades de hecho y establecer la igualdad entre mujeres y hombres.

c) Aquellas actuaciones de impulso y promoción que tratan de eliminar las igualdades de hecho y establecer la igualdad entre mujeres y hombres.

d) Aquellas actuaciones de impulso y promoción que tratan permanentemente de las condiciones de vida de las mujeres y hombres, sus posibilidades, expectativas, sus semejanzas y sus diferencias.

40. Señala la respuesta incorrecta. Las normas que regulan los deberes y derechos básicos de la plantilla del Ayuntamiento de Zaragoza, son:

a) El derecho a la igualdad entre mujeres y hombres.
b) El derecho al honor, a la intimidad personal y familiar y a su propia imagen.
c) El derecho a su integridad física y moral.
d) El derecho a justificar el comportamiento o la conducta en base a la relación laboral establecida.

41. En casos de acoso sexual, acoso por razón de sexo y acoso por orientación sexual, el grupo de personas competentes para la recepción de denuncias e iniciación del procedimiento según el Protocolo de prevención y actuación frente al acoso sexual se denomina:

a) Comité de asesoramiento.
b) Comisión de actuación.
c) Asesoría confidencial.
d) Comisión de igualdad.

42. La Asesoría confidencial estará compuesta por un máximo de:

a) Tres personas.
b) Seis personas
c) Cinco personas.
d) Diez personas.

43. El órgano colegiado que desarrolla el procedimiento formal de resolución de denuncias por acoso sexual, acoso por razón de sexo y acoso por orientación sexual se llama:

a) Comité de asesoramiento.
b) Asesoría confidencial.
c) Comisión de igualdad.
d) Comisión de actuación.

44. El procedimiento de actuación en casos de acoso sexual se iniciará a través de una persona de la Asesoría Confidencial o a través del Servicio de Prevención y Salud Laboral, con:

a) Un informe de las circunstancias.
b) La presentación de la queja o denuncia interna.

c) El análisis inicial de la Asesoría confidencial.

d) El procedimiento formal.

45. Señala la respuesta incorrecta. El Procedimiento Formal se iniciará en los siguientes supuestos:

a) Cuando las actuaciones denunciadas sean valoradas como indicios de acoso.

b) No se alcance un acuerdo a través del procedimiento informal.

c) Se reitere la conducta que ha motivado la denuncia por parte de la persona denunciada.

d) Cuando la persona denunciante no considere adecuado acudir al procedimiento formal y se vean indicios de acoso sexual, acoso por razón de sexo o por orientación sexual.

46. El Comité de Asesoramiento podrá enumerar conductas, hechos o situaciones detectadas que sean indicios para considerar la existencia de acoso sexual en los que habrá que determinar la frecuencia e intencionalidad de las mismas. Señala la conducta que no corresponde a estas:

a) Mensajes al móvil con comentarios fuera de tono.

b) Presionar para citas indeseadas.

c) Comentarios despectivos sobre el entorno familiar de una persona y sus circunstancias sociales.

d) Contacto físico innecesario, rozamientos, proximidad excesiva, buscar quedarse a solas, arrinconar.

47. ¿Quién llevará el control y registro de las denuncias presentadas, así como de la resolución de los expedientes resultantes de procedimiento informal y del procedimiento formal?

a) El Comité de asesoramiento.

b) La Asesoría confidencial.

c) La Comisión de igualdad.

d) La Comisión de actuación.

48. El término mainstreaming incorpora:

a) El cuestionamiento de la organización social de género tradicional.

b) El diseño de medidas o acciones que tiendan a eliminar los obstáculos.

c) Una mirada global a las diferentes realidades desde una perspectiva de género.

d) La idea de corriente principal, de tal manera que, a la lucha por la igualdad en todos los ámbitos de la sociedad, se añade la conversión de esta reivindicación en preocupación prioritaria de las políticas públicas.

49. ¿Qué tipo de acoso es el producido por personal superior jerárquico o personas cuyas decisiones pueden tener efectos sobre el empleo y las condiciones de trabajo de la persona acosada?

a) Acoso por orientación sexual.
b) Acoso de intercambio.
c) Acoso ambiental.
d) Acoso por razón de sexo.

50. Las expresiones ridiculizantes, comentarios jocosos sobre el aspecto físico, modales, formas de vestir o de hablar, son conductas que muestran:

a) Acoso por orientación sexual.
b) Acoso de intercambio.
c) Acoso ambiental.
d) Acoso por razón de sexo.

Solución al test n.º 5

1. a) Promover, remover y facilitar.

2. c) La Ley orgánica 3/2007, de 22 de marzo.

3. b) La tendencia sexual.

4. c) Es un principio informador del ordenamiento jurídico.

5. a) Discriminación directa.

6. d) No, si debido a la naturaleza de las actividades profesionales concretas o al contexto en el que se lleven a cabo, dicha característica constituya un requisito profesional esencial y determinante, siempre y cuando el objetivo sea legítimo y el requisito proporcionado.

7. d) Cualquier comportamiento, verbal o físico, de naturaleza sexual que tenga el propósito o produzca el efecto de atentar contra la dignidad de una persona, en particular cuando se crea un entorno intimidatorio, degradante u ofensivo.

8. b) Nulos y sin efecto.

9. b) Incluso tras la terminación de la relación en la que supuestamente se ha producido la discriminación.

10. c) Las personas físicas y jurídicas con interés legítimo.

11. c) No superen el 60 % ni sean menos del 40 %.

12. a) Plenitud.

13. d) Es de aplicación a las entidades privadas que suscriban contratos o convenios de colaboración con las Administraciones públicas de Aragón o sean beneficiarias de ayudas o subvenciones concedidas por ellas.

14. a) La corresponsabilidad.

15. c) Sexo.

16. a) Patriarcado.

17. b) Convivencia.

18. a) Ley Orgánica 1/2004, de 28 de diciembre.

19. b) Sensibilización.

20. d) Malos tratos físicos.

21. c) Situaciones de violencia doméstica.

22. a) Amenaza.

23. c) 2006.

24. d) Transfobia.

25. b) Quedan prohibidas.

26. d) Promover medidas que corrijan las causas que ocasionan la discriminación directa y evidente en las retribuciones de las empleadas y empleados municipales.

27. c) El Ayuntamiento de Zaragoza y la representación sindical.

28. b) Tres áreas de trabajo.

29. a) Acceso, formación, promoción profesional y retribuciones.

30. d) Evaluación de objetivos.

31. a) Su inmediata adecuación.

32. d) Obedece a un desequilibrado e injusto reparto del poder.

33. b) La perspectiva de género.

34. b) Acoso de intercambio y acoso ambiental.

35. c) Acoso ambiental.

36. a) Indirecta.

37. b) Se trata de forma desigual a una persona en base a uno de los motivos prohibidos en el ordenamiento jurídico, como puede ser el sexo.

38. d) La voluntad de participar en la elaboración de una alternativa de organización social acorde con las necesidades y aspiraciones de las mujeres y los hombres.

39. b) Aquellas actuaciones de impulso y promoción que tratan de eliminar las desigualdades de hecho y establecer la igualdad entre mujeres y hombres.

40. d) El derecho a justificar el comportamiento o la conducta en base a la relación laboral establecida.

41. c) Asesoría confidencial.

42. d) Diez personas.

43. a) Comité de asesoramiento.

44. b) La presentación de la queja o denuncia interna.

45. d) Cuando la persona denunciante no considere adecuado acudir al procedimiento formal y se vean indicios de acoso sexual, acoso por razón de sexo o por orientación sexual.

46. c) Comentarios despectivos sobre el entorno familiar de una persona y sus circunstancias sociales.

47. b) La Asesoría confidencial.

48. d) La idea de corriente principal, de tal manera que, a la lucha por la igualdad en todos los ámbitos de la sociedad, se añade la conversión de esta reivindicación en preocupación prioritaria de las políticas públicas.

49. b) Acoso de intercambio.

50. a) Acoso por orientación sexual.

PARTE SEGUNDA

TEST N.º 6

El manual de atención a la ciudadanía. Habilidades interpersonales para la atención a la ciudadanía. La atención telefónica. Derechos y obligaciones de personas y de las Entidades locales en la actuación administrativa

1. En el trato a un cliente presuntuoso, no es correcto:

a) Mostrar humildad.
b) Competir con él.
c) Mostrar mucha amabilidad.
d) Adularle alguna vez.

2. En el trato a un cliente escéptico, no es correcto:

a) Mostrar paciencia y perseverancia.
b) Ser sincero.
c) Mantenerse firme y a distancia.
d) Dar garantías.

3. No es correcto, en relación con el comportamiento agresivo de un ciudadano cliente la siguiente afirmación:

a) El agresivo se enfadará con el representante de la Administración, aun sabiendo que no es el culpable de sus problemas.
b) El funcionario no debe perder las buenas maneras y no dar respuestas que puedan ser interpretadas como una provocación.
c) Se intentará frenar la parte irracional de su comportamiento y negociar, haciéndole sentir que su problema nos preocupa.
d) No es conveniente aplicar en esta situación la escucha activa.

4. ¿Cuál de los siguientes tipos de comportamiento se caracteriza por dar afirmaciones claras, expresarse con franqueza y de manera constructiva?

a) Comportamiento asertivo.
b) Comportamiento pasivo.
c) Comportamiento agresivo.
d) Comportamiento pasivo-agresivo.

5. Para establecer un tono positivo con los clientes que no tienen razón en sus argumentos, hemos de:

a) Decirles que no llevan la razón.
b) Decirles que están equivocados.
c) Hacerles sentir culpables.
d) Esforzarnos en ser positivos en nuestras respuestas.

6. Parafrasear es una forma de asegurar nuestra comprensión del mensaje diciéndole al cliente lo que pensamos o lo que hemos comprendido:

a) Añadiendo la información no incluida por el cliente.
b) Asegurándonos de que nuestro tono incluye juicio.
c) Asegurándonos de que nuestro tono incluye evaluación.
d) Dando a entender al cliente que queremos saber si entendemos adecuadamente su mensaje.

7. Cuando los clientes se acercan a la Administración, a menudo nos encontramos con la tarea de tener que explicar un asunto o un servicio. No es cierto que en la explicación:

a) Nos aseguraremos de dar la información correcta.
b) Evitaremos los tecnicismos, utilizando un lenguaje simple y coloquial y educado.
c) Utilizaremos explicaciones de carrerilla, para no ser desigual con otros clientes.
d) No asumiremos que el cliente sabe de temas de la Administración, facilitándole los detalles imprescindibles.

8. ¿Cuál de las siguientes opciones es correcta en cuanto a convencer al cliente?

a) Convencer es coaccionar al cliente para que este realice algo que no desea.
b) Tenemos que persuadirle.
c) Los ciudadanos quieren creer lo que les decimos.
d) No es tarea del personal de la Administración ganarse la confianza que quieran depositar en él.

9. **Para tratar a un cliente enfadado, aplicando la técnica de la escucha física**:

a) Miraremos al ciudadano directamente. Esto implica que prestamos toda nuestra atención a la conversación con el cliente.
b) Cruzaremos los brazos o las piernas, para hacer pensar al cliente que estamos dispuestos a escucharle.
c) Le miraremos a los ojos fijamente por largo tiempo.
d) Mantendremos una postura rígida e inamovible.

10. **La escucha física es una técnica que nos va a permitir, mediante un lenguaje no verbal, tranquilizar y relajar el ánimo de nuestro cliente. ¿Cuál de las siguientes frases es correcta?**

a) Primero la persona, después el problema. Primero los sentimientos, después los hechos.
b) Primero la persona, después los sentimientos. Primero el problema, después los hechos.
c) Primero los sentimientos, después la persona. Primero los hechos, después el problema.
d) Primero el problema, después la persona. Primero los hechos, después los sentimientos.

11. **Para disminuir la tensión en una reclamación de un ciudadano agresivo**:

a) Hay que sentirse personalmente afectado.
b) Hay que evitar la responsabilidad.
c) Dejar hablar y escuchar.
d) Procurar entrar en discusión.

12. **Ante un cliente que solicita información con mucha meticulosidad, numerosas preguntas y una actitud crítica, el trato del informador público debe caracterizarse por**:

a) Permanecer impasible.
b) Dar pocos detalles.
c) Aportar conocimientos técnicos.
d) Mantenerse firme.

13. **Un cliente acude a una de las oficinas de la Administración demandando información personal que le es necesaria para cumplimentar algunos documentos. Sabemos que los datos están informatizados y puede tener acceso a ellos introduciendo un código en un terminal informático. Por lo tanto, como informador público**:

a) Dejaremos que el cliente decida cómo actuar.
b) Nos acercaremos a él con la máxima profesionalidad para intentar ayudarle.
c) Esperaremos y solo si observamos algún error en el proceso, tomaremos la iniciativa.
d) Entablaremos una conversación intrascendente para ganarnos su confianza.

14. Para proporcionar un servicio de calidad que satisfaga a los clientes:

a) Se deben aplicar técnicas de escucha activa, feedback y reformulación.
b) La información debe ser ofrecida por más de un empleado.
c) La prioridad será mantener una buena imagen de la Administración.
d) El empleado público se mantendrá indiferente a las necesidades del ciudadano.

15. Un visitante te pregunta por una determinada unidad; le facilitarás una información:

a) Totalmente detallada recurriendo incluso al color de las puertas.
b) Clara y sucinta.
c) Que incluya un croquis de las dependencias por donde debe pasar antes de llegar a la unidad.
d) Que indique el recorrido pero advirtiéndole que existen suficientes rótulos indicadores de las unidades o servicios.

16. Los clientes poseen diferentes personalidades y por ello tienen diferentes características. Así, debemos saber que el cliente que avasalla e insulta pertenece al tipo:

a) Hablador.
b) Excitable.
c) Inquisitivo.
d) Irrazonable.

17. El comportamiento agresivo:

a) Se refleja físicamente por el movimiento continuo de manos y brazos.
b) Se da cuando una persona se enfrenta a otra físicamente.
c) Se da cuando la persona afirma claramente, se expresa con franqueza y de manera constructiva.
d) Se da cuando una persona siente temor a actuar de forma agresiva.

18. La diferencia entre una reclamación y una queja es que la primera:

a) Expresa desacuerdo con el trato personal.
b) Expresa insatisfacción con el contenido dado a la demanda.
c) Se basa en una percepción subjetiva que no afecta a todos los clientes por igual.
d) Informa sobre cómo es percibida la calidad de los servicios por los ciudadanos.

19. ¿Cuál de los siguientes elementos básicos de la comunicación se refiere al lenguaje en el que emitimos el mensaje?

a) El emisor.
b) El receptor.

c) El canal.
d) El código.

20. No ayuda a la comunicación:

a) La escucha activa.
b) El feedback.
c) La reformulación (fenómeno eco).
d) Utilizar un lenguaje lo más técnico posible.

21. No ayuda a una escucha activa:

a) Estar preparado sobre el tema de que se trata.
b) Escuchar y resumir las ideas básicas.
c) Repetir en esencia lo que ha dicho el interlocutor.
d) No preguntar.

22. No es cierto que el feedback (retroalimentación) en la comunicación:

a) Consiste en facilitar a nuestro interlocutor información sobre cómo hemos percibido o entendido lo que nos está comunicando.
b) Consiste en dejar que el otro hable, escuchar atentamente y callar.
c) Puede referirse no solo a la recepción del mensaje sino a expresar de forma verbal el impacto emocional del mismo.
d) Aclara las relaciones entre personas y ayuda a comprender mejor al otro.

23. Es un fallo en la comunicación:

a) Entender lo que queremos entender.
b) Establecer un clima agradable.
c) Estar dispuestos a oír a la otra persona en sus propios términos.
d) Ser comprensivo con las circunstancias del interlocutor.

24. No es una causa de fallos en la comunicación:

a) Entender lo que queremos entender.
b) Nuestro estado emocional condicionador de lo que queremos decir.
c) Estar a la defensiva.
d) Vocalizar al hablar.

25. No ayuda a mejorar nuestra comunicación cuando hablamos:

a) Organizar nuestro pensamiento.
b) Expresarnos con precisión.
c) Encerrar muchas ideas en un enunciado.
d) Hablar con naturalidad.

26. No ayuda a mejorar nuestra comunicación cuando escuchamos:

a) Que el interlocutor advierta que se pone voluntad e interés en entenderle.
b) Utilizar el feedback (retroalimentación).
c) Pensar en nuestras respuestas mientras escuchamos.
d) No evaluar ni prejuzgar.

27. El operario que recibe una reclamación de un cliente:

a) Ha de negarse a recibirla.
b) Debe convencer al usuario para que no la presente.
c) Debe recibir cualquier tipo de reclamación que el usuario quiera presentar.
d) El cliente no puede realizar reclamaciones.

28. En relación con la comunicación no verbal, es falso que:

a) La quietud y el reposo son posturas de clara atención al interlocutor.
b) La quietud ha de ser rígida para mostrar que no se está deseando que el otro acabe de hablar.
c) Comunicamos constantemente nuestro estado emocional a través de inconscientes gestos.
d) Cuando hablamos, nuestra voz comunica una gran cantidad de información no incluida en los sonidos de las palabras que pronunciamos (el paralenguaje).

29. Es importante ofrecer una cálida acogida al ciudadano que llega a veces perdido. La acogida tiene cuatro partes, ¿cuál de las siguientes es incorrecta?

a) Recepción.
b) Saludo.
c) Ponernos a su disposición.
d) Continuar con lo que estábamos haciendo.

30. Señalar la respuesta incorrecta. La escucha física es una técnica que:

a) Permite tranquilizar y relajar el ánimo del cliente.
b) Utiliza el lenguaje verbal.
c) Refleja la actitud de estar al servicio del cliente.
d) Transmite interés por el problema.

31. Es importante que la voz de la operaria al teléfono para atender al usuario sea:

a) Clara, monótona y agresiva.
b) Apagada, natural y agradable.
c) Regresiva, con silencios.
d) Agradable, clara y armónica.

32. Señalar la opción incorrecta. Cuando la operaria realiza una llamada debe seguir los pasos que se indican a continuación:

a) Saludar.
b) Mantener al usuario en espera.
c) Justificar la llamada.
d) Aplicar la técnica de escucha activa.

33. La atención personalizada al ciudadano no comprende la función de:

a) Recepción y acogida a los ciudadanos.
b) Orientación e información.
c) Gestión.
d) Enjuiciamiento.

34. La escucha activa:

a) Es un conjunto de acciones no verbales destinadas a la consecución de una escucha positiva.
b) Es una comunicación bidireccional.
c) Es el objeto de acciones verbales destinadas a la consecución de una escucha óptima.
d) Es el conjunto de acciones verbales y no verbales destinadas a la consecución de una escucha óptima.

35. El feedback significa:

a) Alimentación verbal.
b) Impacto emocional.
c) Retroalimentación.
d) Escucha óptima.

36. Cuando se ha analizado la opinión de la ciudadanía con respecto a la Administración, se ha comprobado la existencia de niveles diferentes. El tercer nivel hace referencia a:

a) El del puesto de contacto con las Administraciones.
b) Análisis de la Administración según le va al ciudadano/a.
c) El ciudadano se pregunta sobre las estructuras de la Administración.
d) El ciudadano se pregunta sobre los procedimientos de la Administración.

37. ¿Qué valoran de forma extraordinaria las personas usuarias de los servicios públicos del Ayuntamiento de Zaragoza?

a) La cantidad de información que le facilitan.
b) La rapidez de la información facilitada.

c) El trato recibido desde la persona que atendió.
d) La inexistencia de colas de espera para ser atendido.

38. De forma esquematizada, podemos afirmar que hay tres grandes bloques con conforman la conducta interpersonal en el puesto de trabajo de atención directa, indica el incorrecto:

a) Componentes sanitarios.
b) Componentes biológicos.
c) Componentes psicológicos.
d) Componentes sociales.

39. La ejecución de la tarea, como parte del componente psicológico, pertenece a la forma de:

a) Atender.
b) Percibir.
c) Sentir.
d) Actuar.

40. ¿Qué debemos hacer si queremos escuchar activamente a la persona que atendemos?

a) Interrumpir mientras habla.
b) Emitir juicios de valor y opiniones personales.
c) Ofrecer ayuda en el momento adecuado, sin que sean prematuras.
d) Hacer comentarios sobre su estado emocional.

41. ¿Qué ley regula el Punto de Acceso General de la Administración General del Estado y crea su sede electrónica?

a) Ley 39/2015.
b) Real Decreto Legislativo 5/2015.
c) Orden HAP/1949/2014.
d) Ley 40/2015.

42. ¿Cuál de los siguientes derechos no está incluido en el art. 13 de la LPACAP?

a) A ser asistidos en el uso de medios electrónicos.
b) A utilizar las lenguas oficiales en el territorio de su Comunidad Autónoma.
c) A recibir compensaciones económicas por trámites administrativos.
d) A la protección de datos de carácter personal.

43. Según el art. 14 de la LPACAP, ¿quiénes están obligados a relacionarse a través de medios electrónicos con las Administraciones Públicas?

a) Las personas físicas.
b) Las entidades sin personalidad jurídica.

c) Los notarios y registradores de la propiedad.
d) Todas las anteriores son correctas.

44. ¿Qué artículo de la LPACAP establece que la lengua de los procedimientos tramitados por la Administración General del Estado será el castellano?

a) Art. 13.
b) Art. 15.
c) Art. 16.
d) Art. 18.

45. ¿Qué información debe incluir un asiento en el Registro Electrónico General de cada Administración?

a) Nombre y apellidos del interesado.
b) Fecha y hora de presentación.
c) Número de teléfono del remitente.
d) Dirección de correo electrónico.

46. ¿Qué garantiza el Esquema Nacional de Seguridad en relación con los documentos electrónicos?

a) La accesibilidad de los documentos.
b) La integridad, autenticidad y confidencialidad de los documentos.
c) La distribución equitativa de los documentos.
d) La eliminación automática de los documentos.

47. Según el art. 18 de la LPACAP, ¿qué no deben revelar las personas a la Administración?

a) Datos fiscales.
b) Información de contacto.
c) Datos confidenciales de terceros.
d) Estado civil.

48. ¿Qué establece el art. 20 de la LPACAP sobre la responsabilidad de la tramitación?

a) Los interesados son responsables de todos los trámites.
b) Los titulares de las unidades administrativas y el personal al servicio de las Administraciones Públicas son responsables directos de la tramitación.
c) Los representantes legales son responsables de la tramitación.
d) Los asesores jurídicos son responsables de la tramitación.

49. Según el art. 26 de la LPACAP, ¿qué no requieren de firma electrónica?

a) Solicitudes formales.
b) Documentos informativos publicados por la Administración.
c) Recursos administrativos.
d) Declaraciones responsables.

50. ¿Qué plazo tienen las Administraciones Públicas para expedir copias auténticas electrónicas de documentos en papel presentados por los interesados?

a) 5 días.
b) 10 días.
c) 15 días.
d) 20 días.

51. ¿Quiénes deben acreditar su identidad ante las Administraciones Públicas según el art. 9 de la LPACAP?

a) Todos los interesados en un procedimiento administrativo.
b) Solo los representantes legales.
c) Solo las personas jurídicas.
d) Solo las entidades sin personalidad jurídica.

52. ¿Cuál de los siguientes sistemas de identificación no está contemplado en el art. 9 de la LPACAP?

a) Certificados electrónicos cualificados de firma electrónica.
b) Certificados electrónicos cualificados de sello electrónico.
c) Identificación mediante redes sociales.
d) Sistemas de identificación validados por la Secretaría General de Administración Digital.

53. Según el art. 10 de la LPACAP, ¿qué sistemas de firma electrónica son válidos a efectos de firma?

a) Firma manuscrita escaneada.
b) Contraseña de usuario.
c) Sistemas de firma electrónica cualificada y avanzada.
d) Firma mediante redes sociales.

54. ¿Qué es necesario para que un documento electrónico sea considerado válido según el art. 26 de la LPACAP?

a) Que contenga una firma manuscrita.
b) Que sea emitido en formato PDF.
c) Que esté publicado en una página web oficial.
d) Que incorpore una referencia temporal del momento en que ha sido emitido.

55. ¿Qué deben hacer las Administraciones Públicas con los documentos presentados presencialmente por los interesados?

a) Guardar los originales en un archivo físico.
b) Digitalizarlos y devolver los originales al interesado.
c) Destruir los documentos originales.
d) Enviar los documentos originales a otra oficina.

56. ¿Qué tipo de poderes deben inscribirse en el registro electrónico general de apoderamientos?

a) Poderes notariales.
b) Poderes judiciales.
c) Poderes privados.
d) Poderes otorgados para actuaciones administrativas.

57. ¿Qué garantiza la interoperabilidad de los registros electrónicos de apoderamientos?

a) La Ley 40/2015.
b) El Esquema Nacional de Interoperabilidad.
c) El Real Decreto 203/2021.
d) La Ley Orgánica 3/2018.

58. ¿Cuál es la validez máxima de los poderes inscritos en el registro de apoderamientos?

a) 3 años.
b) 10 años.
c) 7 años.
d) 5 años.

59. ¿Qué sucede si la Administración solicita al interesado la presentación de un documento original en formato papel?

a) El interesado debe entregar el documento original.
b) El interesado debe obtener una copia auténtica antes de su presentación electrónica.
c) El documento debe ser enviado por correo certificado.
d) El documento debe ser presentado en una oficina de asistencia.

Solución al test n.º 6

1. b) Competir con él.

2. c) Mantenerse firme y a distancia.

3. d) No es conveniente aplicar en esta situación la escucha activa.

4. a) Comportamiento asertivo.

5. d) Esforzarnos en ser positivos en nuestras respuestas.

6. d) Dando a entender al cliente que queremos saber si entendemos adecuadamente su mensaje.

7. c) Utilizaremos explicaciones de carrerilla, para no ser desigual con otros clientes.

8. c) Los ciudadanos quieren creer lo que les decimos.

9. a) Miraremos al ciudadano directamente. Esto implica que prestamos toda nuestra atención a la conversación con el cliente.

10. a) Primero la persona, después el problema. Primero los sentimientos, después los hechos.

11. c) Dejar hablar y escuchar.

12. c) Aportar conocimientos técnicos.

13. b) Nos acercaremos a él con la máxima profesionalidad para intentar ayudarle.

14. a) Se deben aplicar técnicas de escucha activa, feedback y reformulación.

15. b) Clara y sucinta.

16. b) Excitable.

17. a) Se refleja físicamente por el movimiento continuo de manos y brazos.

18. b) Expresa insatisfacción con el contenido dado a la demanda.

19. d) El código.

20. d) Utilizar un lenguaje lo más técnico posible.

21. d) No preguntar.

22. b) Consiste en dejar que el otro hable, escuchar atentamente y callar.

23. a) Entender lo que queremos entender.

24. d) Vocalizar al hablar.

25. c) Encerrar muchas ideas en un enunciado.

26. c) Pensar en nuestras respuestas mientras escuchamos.

27. c) Debe recibir cualquier tipo de reclamación que el usuario quiera presentar.

28. b) La quietud ha de ser rígida para mostrar que no se está deseando que el otro acabe de hablar.

29. d) Continuar con lo que estábamos haciendo.

30. b) Utiliza el lenguaje verbal.

31. d) Agradable, clara y armónica.

32. b) Mantener al usuario en espera.

33. d) Enjuiciamiento.

34. d) Es el conjunto de acciones verbales y no verbales destinadas a la consecución de una escucha óptima.

35. c) Retroalimentación.

36. a) El del puesto de contacto con las Administraciones.

37. c) El trato recibido desde la persona que atendió.

38. a) Componentes sanitarios.

39. d) Actuar.

40. c) Ofrecer ayuda en el momento adecuado, sin que sean prematuras.

41. c) Orden HAP/1949/2014.

42. c) A recibir compensaciones económicas por trámites administrativos.

43. d) Todas las anteriores son correctas.

44. b) Art. 15.

45. b) Fecha y hora de presentación.

46. b) La integridad, autenticidad y confidencialidad de los documentos.

47. c) Datos confidenciales de terceros.

48. b) Los titulares de las unidades administrativas y el personal al servicio de las Administraciones Públicas son responsables directos de la tramitación.

49. b) Documentos informativos publicados por la Administración.

50. c) 15 días.

51. a) Todos los interesados en un procedimiento administrativo.

52. c) Identificación mediante redes sociales.

53. c) Sistemas de firma electrónica cualificada y avanzada.

54. d) Que incorpore una referencia temporal del momento en que ha sido emitido.

55. b) Digitalizarlos y devolver los originales al interesado.

56. d) Poderes otorgados para actuaciones administrativas.

57. b) El Esquema Nacional de Interoperabilidad.

58. d) 5 años.

59. b) El interesado debe obtener una copia auténtica antes de su presentación electrónica.

TEST N.º 7

Electricidad. Nociones básicas. Herramientas. Tipos de materiales

1. ¿Qué evidencias percibiremos cuando exista una avería debida a la conexión defectuosa de la reactancia, que habrá que comprobar, o bien a que la reactancia es inadecuada, por lo que habrá que sustituirla por otra de potencia acorde con el tubo fluorescente?

a) Los bornes zumban produciendo ruido.
b) El tubo no enciende.
c) La luz parpadea.
d) Los extremos del tubo se ponen negros.

2. ¿Cómo se llama la herramienta que permite saber si hay tensión entre el conductor y la tierra?

a) Polímetro.
b) Tensiómetro.
c) Buscapolos.
d) Vástago.

3. Indica cuál de los siguientes no es un tipo de fusible:

a) De plaqueta.
b) De vástago.
c) De cartucho.
d) De tapón.

4. Los enchufes que sirven para conectar aparatos y están dotados de equipo para toma de tierra, ¿cuántos bornes presentan?

a) Uno.
b) Dos.
c) Tres.
d) Cuatro.

5. **Para sustituir un portalámparas defectuoso es necesario, en primer lugar:**

a) Desatornillar los terminales de los conductores.
b) Reemplazar la reactancia.
c) Desenroscar la bombilla y quitarla de la base.
d) Desenroscar el aro de porcelana y la funda metálica para acceder a la base.

6. **¿Cómo se llama el interruptor que desconecta automáticamente la instalación en caso de producirse una derivación de algún aparato o en algún punto de instalación?**

a) IAD.
b) ICP.
c) PIA.
d) IPC.

7. **Los elementos metálicos (generalmente de cobre) que siempre estarán recubiertos con material protector (aislante) destinados a transportar la energía eléctrica, se denominan:**

a) Interruptores.
b) Conductores eléctricos.
c) Cajas de registros.
d) Empalmes.

8. **¿Qué tipo de alicates utilizaremos para agarre y plegado en ángulo recto de alambres y piezas de chapa?**

a) De corte.
b) De puntas redondas.
c) De puntas planas.
d) De puntas acodadas.

9. **¿Qué tipo de aparato utilizaremos para comprobar la iluminación del ordenador?**

a) Polímetro.
b) Voltímetro.
c) Vatímetro.
d) Luxómetro.

10. **¿Cuál es la unidad en la que se mide la intensidad de la corriente?**

a) Ohmio.
b) Lux.
c) Voltio.
d) Amperio.

11. El aparato que sirve para medir la intensidad y el sentido de una corriente eléctrica que circula a través de una resistencia se llama:

a) Galvanómetro.
b) Óhmetro.
c) Amperímetro.
d) Voltímetro.

12. ¿Qué caracteriza al destornillador de electricista?

a) Tiene la cabeza delgada y la punta cuadrada y lisa.
b) Lleva el vástago de acero recubierto de una funda de plástico.
c) Tiene una pequeña lámpara de neón en el interior del mango transparente.
d) Es tipo estrella o cruciforme.

13. Si quisiéramos conocer la potencia consumida por un circuito eléctrico, deberíamos usar:

a) Voltímetro.
b) Vatímetro.
c) Pinza amperimétrica.
d) Polímetro.

14. ¿En qué tipo de alumbrado el nivel de iluminación nominal no se alcanza hasta después de transcurridos unos minutos?

a) Fluorescentes.
b) Bombillas.
c) Lámparas LED.
d) Lámparas de bajo consumo.

15. ¿Cómo se llama la protección principal de cualquier instalación eléctrica?

a) ICP.
b) IGA.
c) Cuadro General de Mando.
d) Interruptor Diferencial.

16. Tiene como función la de controlar la potencia que consume la línea, desconectándose cuando la potencia consumida sea superior a la contratada:

a) ICP.
b) IAD.
c) IGA.
d) UVA.

17. ¿Cuál es el interruptor que se encarga de proteger a las personas de los contactos indirectos, conocido también como "salvavidas"?

a) Interruptor general automático.
b) Interruptor automático diferencial.
c) Interruptor de control de potencia.
d) Toma de tierra.

18. Todo sistema de puesta a tierra consta de varias partes. Señala la que no corresponda:

a) Línea principal de tierra.
b) Conductores de protección.
c) Tomas de tierra.
d) Fase del circuito eléctrico.

19. En un circuito eléctrico, ¿qué cable corresponde con la toma de tierra?

a) Negro.
b) Marrón.
c) Amarillo con una franja verde.
d) Azul.

20. Los interruptores que se utilizan para encender o apagar varias lámparas desde tres o más sitios indistintamente, se llaman:

a) Interruptor simple.
b) Interruptor de cruce.
c) Interruptor conmutado.
d) Interruptor en línea.

21. Base de enchufe tipo europeo, proviene de Alemania, cuya toma de tierra es lateral:

a) Conmutador.
b) Pulsador.
c) Clavija eléctrica.
d) Base de enchufe schuko.

22. La Unión Técnica de Electricidad clasifica los materiales aislantes eléctricos según las temperaturas máximas de trabajo. ¿A qué clase pertenece el papel encerado?

a) 0.
b) A.
c) B.
d) C.

23. Dispositivo que mide la energía consumida (activa o reactiva). Puede ser propiedad del cliente (consumidor) o de la empresa suministradora (compañía eléctrica):

a) Contador eléctrico de energía activa.
b) Contador eléctrico de energía reactiva.
c) Contador eléctrico de energía múltiple.
d) Contador.

24. Pieza de material aislante con dos varillas metálicas, las cuales se introducen en las hembrillas del enchufe para establecer una conexión eléctrica:

a) Interruptor.
b) Clavija eléctrica.
c) Conductor eléctrico.
d) Enchufe.

25. ¿Qué tipo de lámparas han de ser recicladas con tratamiento de residuos peligrosos?

a) Lámparas de bajo consumo.
b) Lámparas LED.
c) Lámparas halógenas.
d) Bombillas incandescentes.

26. Un cortocircuito se produce cuando:

a) El cable de alimentación y el de retorno de un aparato entran en contacto.
b) El cable de retorno entra en contacto con otro cable de retorno.
c) El circuito eléctrico funciona de manera ininterrumpida.
d) No existe cable de retorno.

27. El cable neutro es de color:

a) Marrón.
b) Negro.
c) Azul.
d) Amarillo con una franja verde.

28. Cuando una persona sufre un accidente eléctrico, lo primero que debe hacerse es:

a) Sujetarla con fuerza y tirar de ella.
b) Cortar la fuente de la alimentación de la corriente.
c) Esperar a que salte el diferencial.
d) Alejarse de ella lo antes posible.

29. Si al buscar con el buscapolos el cable que tiene tensión se enciende la luz, significa que tocamos:

a) Neutro.
b) Tierra.
c) Fase.
d) Receptor.

30. En un enchufe, si se observa que la carcasa que recubre los bornes tiene algún tipo de deformación o señal de que se ha incendiado parcialmente debido a un corto-circuito (el plástico quemado), se deberá cambiar:

a) La fase.
b) La base.
c) El neutro.
d) Los bornes.

Solución al test n.º 7

1. a) Los bornes zumban produciendo ruido.

2. c) Buscapolos.

3. b) De vástago.

4. c) Tres.

5. d) Desenroscar el aro de porcelana y la funda metálica para acceder a la base.

6. a) IAD.

7. b) Conductores eléctricos.

8. c) De puntas planas.

9. d) Luxómetro.

10. d) Amperio.

11. a) Galvanómetro.

12. b) Lleva el vástago de acero recubierto de una funda de plástico.

13. b) Vatímetro.

14. d) Lámparas de bajo consumo.

15. b) IGA.

16. a) ICP.

17. b) Interruptor automático diferencial.

18. d) Fase del circuito eléctrico.

19. c) Amarillo con una franja verde.

20. b) Interruptor de cruce.

21. d) Base de enchufe schuko.

22. b) A.

23. d) Contador.

24. b) Clavija eléctrica.

25. a) Lámparas de bajo consumo.

26. a) El cable de alimentación y el de retorno de un aparato entran en contacto.

27. c) Azul.

28. b) Cortar la fuente de la alimentación de la corriente.

29. c) Fase.

30. b) La base.

TEST N.º 8

Fontanería. Nociones básicas.
Herramientas. Tipos de materiales

1. La soldadura de tubos de cobre que se realiza con aglutinantes y funden a más de 700° C se denomina:

a) Soldadura blanda.
b) Soldadura por capilaridad.
c) Soldadura fuerte.
d) Soldadura en frío.

2. ¿Qué tipo de herramienta utilizaremos para el corte de tubos de PVC?

a) Cortatubos.
b) Racores de compresión de arandelas de plástico.
c) Tijeras de corte.
d) Cualquier tipo de sierra.

3. Para desatascar los bajantes, lo mejor es desmontarlos de su conexión con canalones y arquetas y proceder a su desembozado mediante el sistema de:

a) Uso de ventosas.
b) Varillado.
c) Uso de desatascadores químicos.
d) Uso de paleta apropiada.

4. Una de las medidas provisionales de urgencia que podemos tomar en la reparación de escapes y reventones de tuberías es:

a) Cortar la sección donde esté la fisura e insertar una nueva sección del mismo grosor y material, enroscada mediante dos racores.
b) Si el escape se produce en un racor que soporta una elevada presión, desmontarlo y envolver la rosca en cinta de teflón.

c) Cubrir la zona de fuga, agujero o grieta, con una tira de goma plástica sujeta mediante abrazaderas de tornillos bien apretadas.

d) Cortar la tubería a ambos lados de la fuga a una distancia de 2 cm. de longitud para intercalar un racor a presión, comprimiéndolo entre las dos bocas de tubería y ajustándolo mediante el giro opuesto de dos llaves.

5. Los malos olores procedentes de los desagües se deben de detener mediante los sifones. ¿Qué forma debería tener un sifón para mantener un nivel permanente de agua que choque contra los malos olores?

a) P.
b) Z.
c) S.
d) La respuesta a) y c) son correctas.

6. La parte de la cisterna que impide que siga entrando agua cuando la cisterna o depósito están llenos es:

a) Válvula de charnela.
b) Válvula del flotador.
c) Sifón.
d) Palanca de descarga.

7. El mantenimiento de los aparatos de calor se reduce al control de los dispositivos que los regulan. De ellos, el dispositivo que permite seleccionar las zonas donde queremos distribuir el calor, dejando cerradas las zonas no habitadas de un edificio, es:

a) El termostato.
b) El interruptor de encendido-apagado.
c) El sistema de válvulas del circuito de calefacción.
d) El radiador.

8. La principal función del subalterno o peón, en relación al aislamiento de estancias y su correcta climatización, es:

a) Vigilar el buen estado y encaje de ventanas y puertas.
b) Cerrar continuamente las puertas y ventanas que se encuentren abiertas.
c) Colocar ventiladores empotrados en la pared.
d) Instalar deshumidificadores.

9. Para el aislamiento de puertas y ventanas el peón podrá utilizar las tiras de espuma. Indica cuál de las siguientes no es una afirmación correcta sobre su colocación y mantenimiento:

a) Para un mayor rendimiento colocarlas sin estirar.
b) Se pegan mediante una cinta autoadhesiva que contiene la tira.

c) Durante su mantenimiento se deben de pintar.
d) Evitaremos exponerlas al sol para que no pierdan su elasticidad.

10. ¿Qué nombre reciben las piezas de metal u otro material que sirven para asegurar algunas cosas ciñéndolas?

a) Junta plana.
b) Abrazaderas.
c) Junta tórica.
d) Latiguillos.

11. Las juntas que están diseñadas para contener el paso del humo y gases de un compartimento a otro dentro de un mismo edificio se denominan:

a) Estancas.
b) Intumescentes.
c) Planas.
d) Tóricas.

12. La llave de paso que en posición abierta deja el paso del agua de forma total y en posición de cerrado, cierra el paso herméticamente, se denomina:

a) De compuerta.
b) De escuadra.
c) Normal.
d) De empotrar cuello largo.

13. Los grifos que tienen una boquilla fija o móvil, por la cual puede pasar el agua caliente o fría, o también mezcladas si lo precisamos, se denominan:

a) Sencillos.
b) Dosificador termostático.
c) Mezcladores.
d) De dos palancas.

14. En las pilas de dos senos, ¿cuántos sifones colocaremos?

a) No es necesario un sifón.
b) Uno para cada seno.
c) Uno para ambos senos.
d) Ninguna de las anteriores es correcta.

15. De las siguientes características, indica cuál no es propia de las tuberías de cobre:

a) Es un metal de color rojo salmón.
b) Es un buen conductor de la electricidad.

c) Con la humedad se recubre de una capa de óxido llamada "cardenillo".
d) Es un mal conductor del calor.

16. En la acometida o entrada general de agua en las viviendas, las tuberías suelen tener el siguiente diámetro de tubo:

a) 18 mm.
b) 22 mm.
c) 15 mm.
d) 20 mm.

17. Entre las siguientes afirmaciones sobre las tuberías de hierro, existe una que no es correcta:

a) El hierro negro está permitido para su uso en conducciones de agua potable.
b) Actualmente están prohibidas.
c) Son más difíciles de manipular.
d) Existen dos grupos de tuberías de hierro: negro y galvanizado.

18. ¿Cuál no es una ventaja de las tuberías de PVC?

a) No les afectan las heladas.
b) Son muy ligeras.
c) Son económicas.
d) Se oxidan.

19. ¿Cuál es el sistema que debemos usar para la unión de tuberías de PVC?

a) Pegado.
b) Soldado.
c) Roscado.
d) Ninguna de las anteriores es correcta.

20. Las pasta hecha de tiza y aceite de linaza, usada para sujetar cristales es:

a) Masilla.
b) Silicona.
c) Pasta de papel.
d) Goma-espuma.

21. ¿Cuál es una característica de la goma-espuma?

a) Tiene baja adhesión.
b) Los restos de goma-espuma no se pueden eliminar.

c) No se puede pintar cuando está seca.
d) Crece 2 o 3 veces de volumen en una hora.

22. La herramienta que se utiliza para ensanchar o ampliar la boca de los tubos se conoce con el nombre de:

a) Abocinador.
b) Abocardador.
c) Mandril.
d) Curvadora.

23. ¿Qué otro nombre recibe el soplete que suele utilizar el fontanero para soldar cobre, plomo, etc.?

a) Sopletín.
b) Pistola de soldar.
c) Lámpara de soldar.
d) Todas las respuestas son correctas.

24. Señala el nombre que reciben las herramientas que se utilizan para realizar roscas a mano para pernos, tornillos y otras piezas cilíndricas:

a) Terrazas.
b) Terrajas.
c) Tinajas.
d) Tenazas.

25. La llave que proporciona potencia de agarre sin arañar ni deformar los tubos de plástico o metal pulido, que se utiliza en tubos de plástico, filtros o cualquier superficie resbaladiza o lisa, se denomina:

a) Llave dullan.
b) Tenazas para tubos.
c) Pico de loro.
d) Llave de cinta.

26. La llave que se caracteriza por tener un pivote en uno de sus extremos que se introduce en el chavetero o ranura de algunas tuercas especiales para aflojar o apretar estas se llama:

a) Stillson.
b) De medio punto.
c) Grip de cadena.
d) Grip de correa.

27. ¿Cómo se llama el tornillo para sujetar tubos en el que se realiza el apriete por medio de una manivela situada en la parte superior del tornillo?

a) Mordaza.
b) Cadena.
c) Cortatubos.
d) Ninguna de las anteriores es correcta.

28. ¿Cuál de las siguientes medidas de seguridad no es adecuada en el uso de la lámpara de soldar?

a) Mantenerla encendida, aún cuando no la necesitemos, para ahorrar tiempo.
b) Mantener la botella alejada de cualquier foco de calor.
c) No dejar mecheros de gas encima de la mesa de soldar o zona de trabajo.
d) Usar guantes aislantes del color en la manipulación de las tuberías recién soldadas.

29. Con la herramienta de realizar curvaturas en los tubos de cobre, podemos realizar ángulos de:

a) 25°.
b) 45°.
c) 135°.
d) Las respuestas b) y c) son correctas.

30. La herramienta diseñada para dar diferentes formas a las bocas de los tubos de metal es:

a) Abocinador.
b) Abocardador.
c) Cortatubo telescópico.
d) Curvadora.

31. Los tubos que integran la batería de contadores formarán circuitos cerrados y constan como máximo de:

a) 3 tubos horizontales.
b) 2 tubos verticales.
c) 2 tubos horizontales.
d) 5 tubos horizontales.

32. No es un elemento que constituyen un sistema de ACS son:

a) AFCH.
b) ALFG.

C) Acumulador.
d) Circuito de retorno.

33. La Legionella prolifera en agua a temperaturas comprendidas entre:

a) 5 y 10 ºC.
b) 20 y 50 °C.
c) 70 y 80 ºC.
d) 60 y 70 ºC.

Solución al test n.º 8

1. c) Soldadura fuerte.

2. d) Cualquier tipo de sierra.

3. b) Varillado.

4. c) Cubrir la zona de fuga, agujero o grieta, con una tira de goma plástica sujeta mediante abrazaderas de tornillos bien apretadas.

5. d) Las respuestas a) y c) son correctas

6. b) Válvula del flotador.

7. c) El sistema de válvulas del circuito de calefacción.

8. a) Vigilar el buen estado y encaje de ventanas y puertas.

9. c) Durante su mantenimiento se deben de pintar.

10. b) Abrazaderas.

11. b) Intumescentes.

12. a) De compuerta.

13. c) Mezcladores.

14. c) Uno para ambos senos.

15. d) Es un mal conductor del calor.

16. b) 22 mm.

17. a) El hierro negro está permitido para su uso en conducciones de agua potable.

18. d) Se oxidan.

19. c) Roscado.

20. a) Masilla.

21. d) Crece 2 o 3 veces de volumen en una hora.

22. b) Abocardador.

23. c) Lámpara de soldar.

24. b) Terrajas.

25. d) Llave de cinta

26. b) De medio punto.

27. a) Mordaza.

28. a) Mantenerla encendida, aun cuando no la necesitemos, para ahorrar tiempo.

29. d) Las respuestas b) y c) son correctas.

30. a) Abocinador.

31. a) 3 tubos horizontales.

32. b) ALFG.

33. b) 20 y 50 °C.

TEST N.º 9

Albañilería. Nociones básicas. Herramientas. Tipos de materiales

1. En una obra de construcción, ¿quién es el encargado de hacer la mezcla?

a) El ayudante de albañil.
b) El oficial.
c) El auxiliar de mantenimiento.
d) El peón de albañilería.

2. ¿Cómo se llama la operación que consiste en forrar muros y tabiques tanto en paramentos exteriores como en interiores?

a) Aplacado.
b) Encofrado.
c) Revestimiento.
d) Alicatado.

3. ¿Cómo se llama al compuesto de conglomerantes inorgánicos, agregados finos y agua, y posibles aditivos que sirven para pegar elementos de construcción tales como ladrillos, piedras, bloques de hormigón, etc.?

a) Mezcla.
b) Mortero.
c) Encofrante.
d) Lechada.

4. En relación con el encofrado, debemos evitar (señala la respuesta incorrecta):

a) Repartir el hormigón para evitar hendiduras por donde se escape el material y la segregación del agua.
b) Usar gasóleo o grasa.
c) Arrojar el hormigón a gran distancia.
d) Introducir los clavos en su totalidad en la madera.

5. Un guarnecido completo consta de tres fases. Señala la que no corresponda:

a) Enfoscado.
b) Fraguado.
c) Enlucido.
d) Revoque.

6. ¿Qué tipo de material se debe pasar al terminar el enfoscado para conseguir un acabado rugoso?

a) Fratás.
b) Llana.
c) Talocha.
d) Regla.

7. ¿Qué tipo de acabado se dará a un enfoscado que va a soportar un tipo de pintura rugosa?

a) Bruñido.
b) Rugoso.
c) Fratasado.
d) Fraguado.

8. ¿En qué consiste el revoque?

a) En extender una segunda capa de mortero de cemento, cal o de resinas sintéticas, de 0,5 a 1 cm de espesor, sobre el enfoscado.
b) En nivelar las irregularidades que presenta la superficie del paramento.
c) En dar una capa de mortero, elaborado con árido mucho más fino, y perfectamente alisado con la llana.
d) En revestir un paramento con una pasta compuesta por escayola o yeso blanco muy fino y polvo de mármol, amasados con agua en la que previamente se habrá disuelto una cierta cantidad de cola.

9. Señala cuál de los siguientes pavimentos continuos no está indicado para su aplicación en suelos que han de soportar cargas ligeras:

a) Con hormigón tratado superficialmente.
b) Con lechada bituminosa.
c) Con mortero sintético elástico.
d) Con engravillado.

10. ¿Cómo se llaman las juntas horizontales resultantes de la superposición que se realiza de ladrillos para la construcción de una pared?

a) Hiladas.
b) Tendeles.

c) Llagas.
d) Huellas.

11. ¿Qué es la "adaraja o enjarje"?

a) La disposición sobre cómo se colocan los ladrillos.
b) Los surcos que se realizan en las paredes, techos, etc.
c) Unos entrantes y salientes de una pared para asegurar la unión con otra, cuando se prosiga con la obra.
d) El proceso de revestimiento y protección de una pared.

12. Tienen función evitar la filtración de agua por el suelo, e impedir que la humedad salga por los muros debido a las fuerzas capilares. Nos referimos a:

a) Las barreras capilares.
b) Las juntas impermeables.
c) Las juntas de dilatación.
d) Las cámaras de aire.

13. Si tenemos que eliminar el enyesado o revoque de una pared para sanearla, en caso que hayamos detectado humedad, lo primero que habrá que saber es:

a) Cómo ajustar tanto la fuerza como los materiales que se han de emplear para evitar deteriorar la pared oculta por la capa de yeso.
b) Cómo quitar las placas de revoque duro que se hayan quedado en la pared a medida que se desprendía la mayoría del mismo.
c) Cómo utilizar una rasqueta o un cepillo de cerdas metálicas para hacer desaparecer todas las irregularidades, así como las juntas y llagas de los ladrillos y los rastros de material, que pueden ser perjudiciales para posteriores trabajos.
d) El material del que se conforma el muro sobre el que va el revoque.

14. De los siguientes revestimientos, indica cuál de ellos no lleva un acabado de pintura:

a) Enlucido.
b) Chapado.
c) Enfoscado.
d) Guarnecido.

15. Indica qué tipo de producto usaría para la limpieza de un pavimento de mármol:

a) Lejía.
b) Detergente con bioalcohol.
c) Amoniaco.
d) Agua con cera.

16. Útil generalmente de madera con dos lados bordeados sujetados de forma horizontal; esta superficie tiene un mango para sujetar con la mano. Con este útil podemos transportar morteros y demás masas y se llama:

a) Artesa.
b) Esparavel.
c) Llana.
d) Bujarda.

17. Los recipientes que se utilizan para realizar pequeñas masas, bien sea de hormigón, cemento, yeso, etc., se llaman:

a) Carrillos.
b) Cestillas.
c) Artesas.
d) Divisas.

18. Una buena defensa contra los golpes son las cantoneras, también conocidas como esquineras, que pueden ir, entre otros:

a) Bajo el nivel.
b) Bajo el revoco.
c) Bajo la esquina.
d) Sobre el revoco.

19. En las reparaciones de albañilería, la herramienta que seleccionaremos para trabajos de acabado será:

a) Cortafrío.
b) Puntero.
c) Maceta.
d) Cincel.

20. La antigua forma de tratamiento superficial de todos los materiales pétreos para revestimientos de exteriores y otros trabajos artesanales y uno de los efectuados manualmente más utilizados se llama:

a) Albardado.
b) Estucado.
c) Abujardado.
d) Embastado.

21. Como característica de una buena paleta podríamos hacer alusión a la:

a) Largura del mango.
b) Anchura de la hoja.

c) Forma de la punta de la hoja.
d) Rigidez de la hoja.

22. ¿Cómo se denomina el revestimiento o segunda mano de revoque que se da a los muros realizados con material para que presenten una superficie unida y tersa?

a) Enlucido.
b) Enfoscado.
c) Enyesado.
d) Alicatado.

23. La mezcla natural de grava, gravilla y arena se llama:

a) Mortero.
b) Zumaya.
c) Aglomerante.
d) Zahorra.

24. ¿Qué tipo de ladrillos tienen agujeros que los atraviesan de lado a lado y que cumplen la función del hundido de los ladrillos estándar?

a) Hueco.
b) Macizo.
c) Cara vista.
d) Perforado.

25. ¿Qué material obtendremos si mezclamos cemento, agua, arena y grava?

a) Cemento Portland.
b) Hormigón.
c) Mortero.
d) Aglomerante.

26. El hormigón, según su composición, puede clasificarse en diversos tipos. De los siguientes, indica cuál:

a) Ciclópeo.
b) Armado.
c) En masa.
d) Pretensado.

27. ¿Cuál es el material inerte que no participa en el fraguado y endurecimiento del hormigón, pero sin embargo desempeña un papel muy importante, ya que le dan compacidad, estabilidad ante la retracción y economía?

a) Grava.
b) Arena.

c) Árido.
d) Cemento.

28. ¿Qué tipo de cemento se utiliza en obras marítimas?

a) Puzolánicos.
b) Aluminosos.
c) Portland.
d) Siderúrgicos

29. Material que, además de fraguar y endurecer en el aire, lo hace debajo del agua. Se obtiene de la calcinación de rocas calizas a elevada temperatura:

a) Cal dolomítica.
b) Cal viva.
c) Cal grasa.
d) Cal hidráulica.

30. ¿Qué tipo de humedades son las que aparecen en las zonas bajas de los muros que absorben el agua del terreno a través de la cimentación, pueden ser permanentes, cuando el nivel freático del terreno está muy alto, o temporales, cuando están relacionadas con las condiciones meteorológicas?

a) Humedad de filtración.
b) Humedad de remonte capilar.
c) Humedad de condensación.
d) Humedad meteórica.

31. Los paneles de los tabiques prefabricados han de cumplir las siguientes condiciones de calidad. Indica la incorrecta:

a) En sus caras no se apreciarán fisuras.
b) Admitirán ser cortadas con facilidad.
c) Las caras serán rugosas.
d) Las aristas serán rectas.

32. Es un útil de madera recta y plana que tiene marcado, a intervalos, el equivalente a un ladrillo o bloque, más la junta del mortero:

a) Esparavel.
b) Plomada.
c) Tiralíneas.
d) Escantillón.

Solución al test n.º 9

1. d) El peón de albañilería.

2. c) Revestimiento.

3. b) Mortero.

4. d) Introducir los clavos en su totalidad en la madera.

5. b) Fraguado.

6. d) Regla.

7. c) Fratasado.

8. a) En extender una segunda capa de mortero de cemento, cal o de resinas sintéticas, de 0,5 a 1 cm de espesor, sobre el enfoscado.

9. c) Con mortero sintético elástico.

10. b) Tendeles.

11. c) Unos entrantes y salientes de una pared para asegurar la unión con otra, cuando se prosiga con la obra.

12. b) Las juntas impermeables.

13. d) El material del que se conforma el muro sobre el que va el revoque.

14. b) Chapado.

15. d) Agua con cera.

16. b) Esparavel.

17. c) Artesas.

18. b) Bajo el revoco.

19. d) Cincel.

20. c) Abujardado.

21. d) Rigidez de la hoja.

22. a) Enlucido.

23. d) Zahorra.

24. d) Perforado.

25. b) Hormigón.

26. a) Ciclópeo.

27. c) Árido.

28. a) Puzolánicos.

29. d) Cal hidráulica.

30. b) Humedad de remonte capilar.

31. c) Las caras serán rugosas.

32. d) Escantillón.

TEST N.º 10

**Carpintería de madera. Nociones básicas. Herramientas.
Tipos de materiales**

1. El mantenimiento de los muebles de madera obedece principalmente a tres aspectos: conservación de la madera, restauración de su acabado y reparación de las roturas. ¿Cuál de estas prácticas es propia de la conservación de la madera?

a) Limpieza de la zona afectada: con un formón o una lija, o bien un cepillo, se descama la madera hasta eliminar toda la superficie carcomida.

b) Solo en las superficies barnizadas es posible desarrollar un mantenimiento a base de cuidar el acabado con tratamientos de nuevos barnices y ceras.

c) Es necesario revisar periódicamente los muebles y rociar sobre estos productos antiparásitos.

d) Es preciso desmontar la pieza suelta y volver a encolar con cola blanca para madera.

2. Las cerraduras son elementos de seguridad que bloquean el paso de ventanas y puertas. ¿Cuál de estos modelos de cerradura son las que se introducen en el canto de la puerta mediante una caja lograda con escoplo?

a) Cerraduras de embutir.

b) Cerraduras superpuestas.

c) Cerradura de tambor.

d) Ninguna de las anteriores es correcta.

3. En algunas ocasiones, las puertas se descuelgan o rozan con el suelo o el marco de la puerta, ¿cuál de estas respuestas indica la solución a los rozamientos de las puertas?

a) Para su arreglo se utiliza una masilla para PVC.

b) Pueden fijarse con listones de madera o masilla (marcos de madera) o con tiras de goma elástica (marcos de aluminio).

c) Se pueden introducir arandelas gruesas entre las bisagras para elevar 1 o 2 milímetros su altura.

d) Puede ser reparada con relativa facilidad siempre y cuando se trate de piezas engarzadas.

4. ¿Cuál de las siguientes afirmaciones es correcta en lo relativo al barnizado?

a) La fuerza y la velocidad pueden, generalmente, graduarse en todos los modelos.

b) Entre mano y mano de cualquier barniz, meteremos la brocha en agua, al no secarse el barniz las cerdas no se pegan.

c) El efecto de la veladura coloreada, a la vez que asoma la beta de la madera, se logra añadiendo el color en el diluyente y no directamente sobre el barniz.

d) Las respuestas b) y c) son correctas.

5. Señala cuál de las siguientes opciones constituye el primer paso en el proceso para arreglar la cinta de una persiana:

a) Volver a atornillar el cajón superior y colocar el resorte inferior empotrado a la pared.

b) Desatornillar el resorte inferior que enrolla la cinta.

c) Desatornillar el cajón superior de la ventana eliminando el resto de cinta rota.

d) Fijar la nueva cinta al tambor de la persiana.

6. Dentro del canteado de tableros, hay dos técnicas interesantes, según sea el canto que usemos. Señala una, de esas dos técnicas, que aparece entre las opciones:

a) Melamínico.

b) Algodón.

c) Rechapado.

d) Encolado.

7. ¿En cuál de estos aglomerados la madera es vulnerable a los cambios atmosféricos, sobre todo, a los debidos a la humedad?

a) Aglomerado de contrachapado.

b) Aglomerado de chapado.

c) Las respuestas a) y b) son correctas.

d) Ninguna de las anteriores es correcta.

8. Señala a qué clase de contrachapado corresponde la siguiente definición: "está indicado para usos industriales en los que la resistencia y durabilidad son las características primordiales. Las caras suelen ser de peor calidad":

a) Contrachapado náutico.

b) Contrachapado estructural.

c) Contrachapado exterior.

d) Contrachapado interior.

9. La madera puede clasificarse de diversas formas, entre ellas, la madera puede clasificarse dependiendo de si son duras o blandas. Señala cuál de las opciones es un ejemplo de madera blanda:

a) Cerezo.

b) Tilo.

c) Roble.
d) Ciprés.

10. Señala qué tipo de árbol se corresponde con la siguiente definición:"madera amarillenta con veteados oscuros. Su estructura es dura y compacta, y se pule muy bien. Se usa para objetos de lujo":

a) Olivo.
b) Abedul.
c) Eucalipto.
d) Pinsapo.

11. El hierro fue el primer material usado, de forma general, para complementar las construcciones de madera; ¿qué nombre reciben estos elementos metálicos incorporados?

a) Herramientas.
b) Herrajes.
c) Armas.
d) Útiles.

12. Los clavos son unas piezas metálicas, largas, delgadas y afiladas. Las puntas, por su parte, son clavos pequeños usados para trabajos finos y se distinguen según la forma de su cabeza. Siendo así, ¿cuál de las siguientes definiciones se corresponde con la punta de cabeza perdida?

a) Es un clavo de fuste delgado, se utiliza en las juntas a tope y a inglete. La cabeza se oculta en la superficie.
b) Sirven para sujetar vidrios, chapas de madera, etc.
c) Tienen un fuste de sección ovalada, lo que reduce el riesgo de rayar la madera. La cabeza se puede ocultar en la madera.
d) Se usa para sujetar alambradas o telas metálicas.

13. Las bisagras son los herrajes que utilizan los bastidores que tienen movimiento de rotación. De entre los más usados, cuál se corresponde con la siguiente definición: "son parecidos a las bisagras y con idéntica finalidad; también de ellos hay una gran variedad":

a) Bisagras.
b) Goznes.
c) Pernios.
d) Pivotes.

14. Las cerraduras son los herrajes más empleados para la función de cierre. Su órgano principal es el pestillo, que, como movimiento de deslizamiento rectilíneo, se introduce en una armella que va asegurada en un montaje fijo. Se distinguen entre ellas según su función, materiales y utilidad y constitución. En esta línea, ¿cuál de las siguientes opciones caracteriza a las cerraduras según su función?

a) Hierro.
b) Seguridad.
c) Cerraduras de carpintería.
d) Todas las anteriores son correctas.

15. Por su parte, los tiradores son herrajes esencialmente funcionales, pero también se usan con frecuencia como elemento decorativo para embellecer cajones y muebles. Clasificados según su diseño, señala cuál de estas opciones se ajusta a la siguiente definición: "se compone de una chapa de latón en la que se embute un asa pivotante o un aro. El tirador se empotra en el frente del cajón y se fija atornillado":

a) Tirador común.
b) Tirador de aldabilla.
c) Tirador de anilla.
d) Tirador de empotrar.

16. ¿Cuál de las siguientes afirmaciones se corresponde con la lezna?

a) Se utiliza solo para hacer pequeños agujeros en madera o para iniciar el atornillado de un tirafondo.
b) Es un instrumento para realizar pequeños agujeros en maderas, cueros, etc., con el objeto de que los tornillos agarren bien y no resbalen antes de usar el destornillador.
c) Es una herramienta en desuso debido a la proliferación de los taladros eléctricos y a los taladros o atornilladores de batería.
d) Es una barrena sin manija. Instrumento, generalmente de acero, para taladrar o hacer agujeros en superficies duras.

17. De entre estas herramientas manuales de carpintería, ¿cuál es la herramienta antecesora del taladro?

a) Barreno.
b) Berbiquí.
c) Broca.
d) Las respuestas a) y b) son correctas.

18. Las siguientes opciones responden a herramientas de corte, a excepción de:

a) Serrucho de costilla.
b) Segueta.
c) Brocas largas.
d) Sierra de bastidor o de San José.

19. Son herramientas de corte y vaciado:

a) Formones, gubias y escoplos.
b) Cuchillas, garlopas y guillamen.
c) Escofinas, limas y papel de lija.
d) Serruchos, sierras y seguetas.

20. La diferencia fundamental entre la escofina y la lima es que la lima se utiliza tanto para madera como para metales; en cambio, la escofina, solo se utiliza en maderas, ¿por qué?

a) La escofina no puede afilarse, por lo cual deberemos evitar el roce con clavos, tornillos, etc.
b) Los dientes de la escofina están completamente separados unos de otros. Para limpiar las limas y escofinas se utiliza una carda o cepillo de alambre.
c) Los cepillos o cardas sirven para aflojar las virutas de madera que se atascan entre los dientes de la escofina; después de la limpieza no se aplica aceite puesto que la escofina pierde mordida y la grasa se introduce en la madera y la ensucia.
d) Todas las anteriores son correctas.

21. ¿Cuál de las siguientes definiciones se corresponde con el martillo de ebanista?

a) Es un martillo con dos bocas diferentes, una plana para trabajo normal, clavar, golpear, etc., y la otra, con forma de cuña, sirve para golpear en algunos puntos inaccesibles, generalmente lo emplean los cristaleros, carpinteros y chapistas.
b) Este martillo es conocido por algunos autores como de peña, es un martillo ligero de poco peso, se utiliza para clavar clavos pequeños, grapas, etc.
c) Es un martillo ligero. La cabeza es redonda y alargada y la parte opuesta es ancha y dividida en dos sectores. Se usa para poner pequeños clavos y tachuelas.
d) Es una herramienta manual, cuya utilización principal es la de golpear, encajar partes o incluso romper objetos.

22. En los talleres de carpintería se usa tanto herramientas motorizadas como manuales. Señala cuál de ellas es la herramienta motorizada:

a) Cinceles.
b) Cepilladoras.
c) Barrenas.
d) Cepillos.

23. Señala cuál de las siguientes opciones se identifica con la siguiente definición: "generalmente, esta máquina es una sierra portátil. Se trata de una máquina diseñada para realizar cortes en diferentes ángulos y biseles, con la que se pueden realizar cortes de precisión y calidad":

a) Sierras circulares.
b) Ingletadora.

c) Lijadora de banda.

d) Sierra de calar empuñadura de pomo y de puente.

24. Este tipo de lijadora es de reciente aparición en la carpintería:

a) Lijadora mouse.

b) Lijadora triangular o delta.

c) Lijadora orbital.

d) Lijadora rotorbital.

25. Relativo a la lima eléctrica, una de estas afirmaciones es falsa:

a) Es útil para madera, metal, plástico, mampostería, cerámicos en superficies curvas y lugares pequeños, se utiliza para dar forma, limar y afilar. Posee un brazo estrecho, y como extras, tensión de la banda y colector de polvo.

b) Instrumento de trabajo tradicional en la carpintería y ebanistería. Es una herramienta ligera, puesto que no suelen ser de gran peso. Trabaja a una tensión de 220 voltios, debiendo, por tanto, adoptar las precauciones para máquinas eléctricas. Siempre trabaja sobre las piezas, para rebajarlas y en algunos casos labrarlas, logrando con varias pasadas devastar varios milímetros.

c) Esta máquina tiene el mismo principio de funcionamiento de una lijadora de banda. El papel de lija es angosto, de unos 13 mm, aproximadamente.

d) El sistema de tensar la banda en estas máquinas suele ser fácil de usar para prevenir que la cinta se salga de los rodillos mientras la herramienta está trabajando.

26. ¿Cuál de estas máquinas son fresadoras?

a) Talladora.

b) Ranuradora.

c) Engalletadora.

d) Todas las anteriores son correctas.

27. ¿Qué tipo de lijadora describe una órbita y gira sobre sí misma?

a) Lijadora de banda.

b) Lija rotorbital.

c) Lijadora triangular.

d) Lima eléctrica.

28. En relación a con las sierras circulares, ¿cuál de estas afirmaciones es cierta?

a) Tiene un motor con empuñadura y plataforma de apoyo y una guía lateral. Su hoja gira a gran velocidad, siendo más rápida que las sierras de calar.

b) Sirven para realizar cortes largos en línea recta en grandes superficies, fundamentalmente en aglomerados, maderas macizas, plásticos, etc. Estas máquinas nos permiten realizar cortes tanto en ángulo recto como en chaflán.

c) Las respuestas a) y b) son correctas.
d) Ninguna de las anteriores es correcta.

29. Esta máquina suele ser de gran tamaño de superficie lijadora, gira como lo haría un rodillo, la banda abrasiva alcanza hasta velocidades de 6,6 metros por segundo. Suelen tener mucha potencia de motor. Es una máquina que "muerde mucho"; si se desequilibra deforma la pieza, por tanto nunca la deberemos usar con maderas chapeadas. ¿Qué tipo de lijadora es?

a) Lijadora orbital.
b) Lima eléctrica.
c) Lijadora mouse.
d) Lijadora de banda.

30. En el mercado, el tipo más común de baterías para taladros suelen ser de dos tipos: níquel cadmio y níquel metal hidruro. ¿Cuál de estas opciones es la correcta para referirnos al níquel cadmio?

a) NiMH.
b) NiDc.
c) NiCd.
d) NiHM.

31. Se trata de una herramienta provista de mango, parecida a las limas, pero con granos más gruesos:

a) Lija.
b) Fina.
c) Escofina.
d) Devastadora.

Solución al test n.º 10

1. c) Es necesario revisar periódicamente los muebles y rociar sobre estos productos antiparásitos.

2. a) Cerraduras de embutir.

3. c) Se pueden introducir arandelas gruesas entre las bisagras para elevar 1 o 2 milímetros su altura.

4. d) Las respuestas b) y c) son correctas.

5. b) Desatornillar el resorte inferior que enrolla la cinta.

6. d) Encolado.

7. a) Aglomerado de contrachapado.

8. b) Contrachapado estructural.

9. b) Tilo.

10. a) Olivo.

11. b) Herrajes.

12. a) Es un clavo de fuste delgado, se utiliza en las juntas a tope y a inglete. La cabeza se oculta en la superficie.

13. c) Pernios.

14. b) Seguridad.

15. d) Tirador de empotrar.

16. b) Es un instrumento para realizar pequeños agujeros en maderas, cueros, etc., con el objeto de que los tornillos agarren bien y no resbalen antes de usar el destornillador.

17. b) Berbiquí.

18. c) Brocas largas.

19. a) Formones, gubias y escoplos.

20. d) Todas las anteriores son correctas.

21. b) Este martillo es conocido por algunos autores como de peña, es un martillo ligero de poco peso, se utiliza para clavar clavos pequeños, grapas, etc.

22. b) Cepilladoras.

23. b) Ingletadora.

24. a) Lijadora mouse.

25. b) Instrumento de trabajo tradicional en la carpintería y ebanistería. Es una herramienta ligera, puesto que no suelen ser de gran peso. Trabaja a una tensión de 220 voltios, debiendo, por tanto, adoptar las precauciones para máquinas eléctricas. Siempre trabaja sobre las piezas, para rebajarlas y en algunos casos labrarlas, logrando con varias pasadas devastar varios milímetros.

26. d) Todas las anteriores son correctas.

27. b) Lija rotorbital.

28. c) Las respuestas a) y b) son correctas.

29. d) Lijadora de banda.

30. c) NiCd.

31. c) Escofina.

Cómo acceder al Curso

Operaria/o Especialista
Test del temario

El uso de los códigos **es exclusivo de los compradores de los productos de Editorial MAD**. Cada producto posee un código único y de un solo uso. Es personal e intransferible y da acceso a servicios y contenidos adicionales. Editorial MAD se reserva el derecho de hacer cuantas comprobaciones sean necesarias para identificar al legítimo poseedor del código y dejar de dar servicio a quien haga uso fraudulento del mismo, además de emprender cuantas acciones legales estime oportunas según la legislación vigente.

Deberás acceder a:

mad.es/registro-campus

Si una vez aceptadas las condiciones de uso del Campus decides hacer uso del mismo, necesitarás del siguiente código de acceso junto con los códigos del resto de títulos que se exigen (si fuera el caso):

FH2GNR9JEP